6年間まるっと！おまかせ！

短時間で
パッとできる

国語あそび
大事典

『授業力＆学級経営力』
編集部 編

明治

イントロダクション

あそびを通して，
国語力を高めよう

千葉県袖ケ浦市立蔵波小学校　瀧澤　真

1. 学習にあそびを取り入れよう

授業で子どもの目を輝かせたい。

そう思う先生は多いでしょう。

そのために教材研究をし，子どもの知的好奇心を刺激するような授業を目指す。それ自体はとても大切なことです。しかし多忙な毎日で，そんな質の高い授業をいつも展開するのは，容易なことではありません。

もう少し手軽に，子どもたちのやる気を喚起する方法はないでしょうか。

子どもたちが目を輝かせるといって思い浮かぶのは，ゲームなどで遊んでいるときの姿です。そこで，こうしたあそびの要素を学習に入れると，比較的容易に子どもの目を輝かせることができます。

それはそうだけど，学習はもっと真剣に取り組むもの。あそびを取り入れるのはいかがなものか…。そんなふうに思う方は，少々頭が固いかもしれません。今やゲームは社会的課題に役立つものとしての側面が注目されています。こうしたゲームを，「シリアスゲーム」といいます。

例えば，医療の分野で，リハビリを行う際に，ゲームを効果的に使うのです。リハビリは単調で，時には辛いこともあります。しかし，リハビリの動きにつながるようなゲームをすることで，楽しく運動に取り組めるようにし

ようということです。つまり，夢中でゲームに取り組むうちに，体の動きに必要な筋肉がついてくるのです。

　教育分野でもこうしたゲームが開発されてきていますが，教室で行うパズルやクイズでも同じような効果が得られます。子どもは学校で行うこうしたあそびが大好きで，学級レクなどで行うと大変喜びます。ですから，あそびを授業で効果的に使えば，シリアスゲーム同様に，子どものやる気を高めつつ，学力を身につけさせることができるのです。ただし，そのためには，そのあそびを通してどんな学力を身につけさせるのかに教師が自覚的である必要があります。

2. 本書の効果的な使い方

　そこで本書では，各あそびの冒頭に，「ねらい」を明記しています。

　例えば，「和語・漢語・外来語クイズ」(p.34) のねらいは，「同じことを表していても語感やイメージが異なることを知る」です。ですから，楽しく遊んでいる途中に子どもたちから，「同じ意味なのにイメージが違う」というような感想が聞かれたら，すかさずそれを押さえておくことが大切です。ただし，通常の学習のように，まとめとして板書するようでは興ざめしてしまうので注意しましょう。

　また，各あそびの最後には「ポイント」もしくは「プラスα」を示しています。「ポイント」は効果的に進めるために気をつけたいことを述べています。ぜひ参考にしてください。また，「プラスα」は，アレンジ方法について述べています。取組に対し子どもたちが興味をもったら，ぜひとも「プラスα」にも取り組んでください。

3. こんな場面で使ってみよう

　では本書は，どのような場面で活用できるでしょうか。

本書で取り上げているあそびは，長くても20分程度でできるものです。ですから，国語の授業でパッと短時間で取り組むというのが，基本の使い方になります。授業の冒頭で取り組むだけで，子どもたちが国語の時間を楽しみに待つようになるでしょう。

　これだけでも十分に有効なのですが，多少アレンジを加えていくこともできます。

　例えば，授業の冒頭で継続的に使うという方法もあります。言葉あそびの1つとして，「何が隠れているかな？（ひらがな Ver.）」（p.12）という，ひらがなを並べ替えて言葉をつくるあそびを紹介しています。このあそびを，1年生の授業の冒頭で継続的に行います。すると，あそびながらひらがなの復習や語彙学習ができます。

　それから，1時間丸ごと使うという方法もあります。例えば，「外国の人に日本のことをスピーチ」（p.50）というあそびは15分でできるものです。しかし書いたものを班で交流し，さらに代表者に学級全体の前で発表してもらうようにすると，1時間の授業全部使って行うことになります。

　さらに，数時間の単元にすることも可能です。例えば，「どんな言葉が入るかな（詩 Ver.）」（p.188）は詩のいくつかの言葉を空欄にしておき，そこに入る言葉を想像するあそびです。このクイズを，詩集をたくさん用意し，子どもたち自身につくらせます。そして，つくった問題をお互いに出し合ったり，図書室に掲示したりするような単元にすることができます。

　このように，様々なアレンジが可能です。ぜひとも，学級の実態に合わせて工夫してみてください。

　また，メインは国語授業ですが，学級活動でも活用できます。例えば，作文あそびで取り上げている「わたしはだれでしょう？」（p.100）は，何かになりきって書く作文です。何になりきっているのかは書かないので，正解をクイズ形式で予想することになります。この作文を書くのは国語の時間で，その活用は学級レクで行うことができます。レクで発表するという目的のある場面を設定することで，より積極的に参加する子どもも多いことでしょう。

話合い・トーク

格言・ことわざ

内容別 短時間でパッとできる 国語あそび

並べ替えて言葉を見つけよう！

何が隠れているかな？(ひらがなVer.)

| 時間 | 5分 | 準備物 | なし |

ねらい

文字を並べ替えるあそびを通して，ひらがなに慣れ親しむ。

対象

低
学年

中
学年

高
学年

1.練習問題を通してルールを理解する

 （「わひりま」と板書する）このひらがなを並べ替えると，みんなが よく知っているお花の名前になるよ。わかっても口に出さず，黙っ て手をあげてください。
（クラスの半分くらいの子の手があがったら）では，答えを言って みましょう。

 「ひまわり」です！

 正解です！
これから同じように，ひらがなを並べ替える問題を出すよ。

2.少し難しい問題に取り組む

 では，もう少し難しい問題を出しますよ。
（「いせちょうこうせん」と板書）

えっ，何だろう…

 ヒントは，この学校にいる偉い先生のことです。わかったらノートに答えを書きましょう。
（半数程度が答えを書いたら）答えを発表しましょう。せーの！

 校長先生！

3. 3問連続で取り組む

 では，ここからが本番です。
　3問出すので，答えをノートに書きましょう。
「うさすん」「しょきうゅく」「みすひやる」

わ ひ り ま → ひ ま わ り
い せ ち ょ う こ う せ ん →

これは
わかるかな？

＼ ポイント ／

最後の3問は，全員がある程度書けたら答え合わせをしましょう。

（瀧澤　真）

並べ替えて言葉を見つけよう！
何が隠れているかな？（カタカナVer.）

| 時間 | **5分** | 準備物 | なし |

ねらい

文字を並べ替えるあそびを通して，カタカナで書く語に慣れ親しむ。

対象

低 学年

中 学年

高 学年

1. 練習問題を通してルールを理解する

 （黒板に「カメアリ」と書く）このカタカナを並び替えると，みんながよく知っている国の名前になるよ。わかっても口に出さずに，黙って手をあげてください。

 どこの国だろう…？

 （クラスの半分くらいの子の手があがったら）
では，答えを言ってみましょう。

 「アメリカ」です！

 正解です！
これから同じように，カタカナを並べ替える問題を出すよ。

2．少し難しい問題に取り組む

では，もう少し難しい問題を出しますよ。
（「コチョトレー」と板書）
これはわかるかな？

何だろう…？

では，答えを発表しましょう。せーの！

ヒントは，みんな好きだと思うけど，甘いものです。
わかったらノートに答えを書きましょう。
（半数程度答えを書いたら）
では，答えを発表しましょう。せーの！

チョコレート！

3．3問連続で取り組む

では，ここからが本番です。
3問出すので，答えをノートに書きましょう。
「ナナバ」「プーリッチュ」「イナッパルプ」

わーっ，難しそう！

\ ポイント /

最後の3問は，練習問題での様子などを確認しながら，レベルを調節
しましょう。

（瀧澤　真）

音を言葉で表そう！

それってどんな音

| 時間 | 5分 | 準備物 | なし |

ねらい

耳にする音やイメージの音を言葉で表すことを通して，表現の豊かさを知るとともに，オノマトペのおもしろさを実感する。

対象

低 学年

中 学年

高 学年

1.ルールを理解する

 みんなは，犬はどんな鳴き声か知ってるかな？

 知ってるよ！

 ワンワンって鳴くよ。

 すべての犬がワンワンって鳴くの？

 キャンキャンって鳴く犬もいる！

 そうだね。犬にもいろんな鳴き声があるよね。
今からお題を出すので，そのお題に合った音をノートに書いてください。思いついたものをすぐに書いてほしいので，時間は30秒くらいかな。

2. 練習を兼ねて1回やってみる

それじゃあ，やってみるよ。
最初は…，ネコの鳴き声！　書いてみよう。

これは簡単だよ！　あれしかないでしょ。

3. 書いた音を発表する

みんな書けたね。どんな鳴き声になったか楽しみだね。
まずは，この列の人に鳴いてもらおう！

ニャーニャー！

シャーッ！

ニャーオ！　あれ〜，みんな違う！

同じネコの鳴き声でも，いろんな表し方があっておもしろいね！
では，次のお題は…

> **うまくいくコツ**
> 発表は何人か続けて一気にリズムよく言わせると，いろんな音が生まれて盛り上がる。

＼ プラスα ／

　動物の鳴き声，ガラスが割れた音，雨が降る音などの物理的な音だけでなく，UFOの音，ジャンプした音，幸せの音，悲しいことがあった音など，イメージも音にすることもできます。

（広山　隆行）

言葉あそび

友だちと力を合わせてしりとりしよう！

ゴリラをバナナに

| 時間 | 10分 | 準備物 | ●しりとりを書く紙 |

ねらい

友だちとペアになって対話を楽しむことを通して，語彙力，思考力，集中力を高める。

対象

低
学年

中
学年

高
学年

1.ルールを理解する

 今から，みなさんに「ゴリラ」を「バナナ」にしてもらいます。「ゴリラ」と言われたら，次に続く言葉は…？

 ラッパ？

 そうですね。「ゴリラ」と聞けば，次は「ラッパ」ですよね。そのようにしりとりを続けていき，「ゴリラ」を最終的に「バナナ」にしましょう。隣の人とペアを組みます。紙を配るので変わりばんこに書いてください。思いつかなかったら相談しても OK です。

2.1回目を行う

 では，実際にやってみましょう。「ゴリラ→ラッパ」の「パ」から始めてください。「バナナ」までいったら，手をあげてください。

3 . 2回目を行う

できました！

途中のペアも手を止めて聞いてください。クリアしたら，2回目に挑戦します。ただし，一度使った言葉は使えません。もちろん最初の「ゴリラ」と最後の「バナナ」は使います。2回目もクリアしたら3回目に挑戦です。では，再開します。よーい，はじめ！

（机間巡視をしながら）すごいね。
このペアは，4回目に挑戦中です。

すごいね。
もう3回クリア
したんだね。

うん

やるなー。

私たちも
がんばるわよ。

① ゴリラ→ラッパ→パンツ
→ツミキ→キバ→バナナ
② ゴリラ→ランドセル
→ルンバ→バナナ
③ ゴリラ→ラバンバ
→バナナ

＼ プラスα ／
　クリアしたペアには「次はできるだけ少ない回数で『バナナ』にしよう」「ちょうど10回で『バナナ』にしよう」という声かけパターンもあります。

（俵原　正仁）

言葉あそび

1つの言葉からたくさん言葉を集めよう！

連想ゲーム

時間	10分	準備物	なし

ねらい

1つの言葉から連想する言葉を集める活動を通して，語彙を広げる。

対象

低 学年

中 学年

高 学年

1. 練習問題を通してルールを理解する

 今から先生がある言葉を黒板に書きます。みんなは，そこから思いつく言葉をノートに1つだけ書きましょう。
（「夏」と板書）
では，どんな言葉を思いついたか，発表してもらいます。

 花火です！

 なるほど。花火と書いた人，手をあげましょう。
5人いますね。他にありますか？

 プールです。

 なるほど。プールと書いた人，手をあげましょう。
8人ですね。
（同様に，すべての言葉を取り上げる）

このゲームは同じ言葉を書いた人の数だけ点が入ります。プールと書いた人は8人いたので，8点獲得できます。花火は5点です。

2. 続けて取り組む

何問か出していきます。（「冬」「学校」「テレビ」など）

3. 優勝者を決定する

問題は以上です。同じ言葉を書いた人の数を数えていき，得点を合計しましょう。最高得点の人が優勝です！

夏
プール　　8人
花火　　　5人
キャンプ　4人
虫　　　　1人

人数が点数になります

＼ プラスα ／

紹介したのは個人戦ですが，班ごとの競争にしても楽しく取り組めます。その場合は，相談しないように班でも座席は離しましょう。

（瀧澤　真）

言葉あそび

間の言葉を考えてつないでいこう！

とびとびしりとり

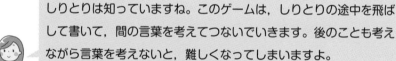

| 🕐 時間 | 5分 | 📝 準備物 | なし |

ねらい

しりとりの間の言葉を考える活動を通して，思考力を高めたり，語彙を豊かにしたりする。

対象

低
学年

中
学年

高
学年

1.ルールを理解する

しりとりは知っていますね。このゲームは，しりとりの途中を飛ばして書いて，間の言葉を考えてつないでいきます。後のことも考えながら言葉を考えないと，難しくなってしまいますよ。

2.練習を兼ねてルールを確認する

まず，何か最初の言葉を言ってください。

「いす」です。

ではそのすぐ下に矢印1つと，間を空けて矢印を2つ書いて，最後に「からす」を書きます。（次ページ左の部分を板書）
では，間の2か所に何か言葉を入れて，「からす」につないでみましょう。

3. 間の言葉を考える

2つめに「すいか」を入れます！

「すいか」ですね。「か」で始まり
「か」で終わる言葉です。
少し難しくなりましたね。

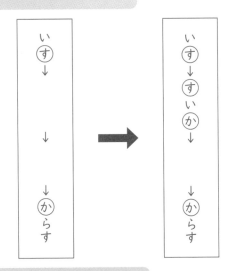

い
す
↓

↓

↓
からす

→

い
す
↓
すいか
↓

↓
からす

う〜ん，どんな言葉があるかな…。

あった！ 「かていか」です！

＼ ポイント ／

　意外な子が活躍して盛り上がる場合が多いので，子どもをほめる場に
することができます。

（比江嶋　哲）

感情を表す擬音語を探そう！
喜怒哀楽別オノマトペコレクション

🕐 時間	10分	📝 準備物	●ホワイトボードとペン

ねらい

喜怒哀楽を表す擬音語（オノマトペ）を集める活動を通して，語彙を豊かにする。

対象

低 学年

中 学年

高 学年

1. ルールを理解する

人間の感情には，喜怒哀楽があると言われますね。さて，人間の感情を表すオノマトペ（擬音語）には，どんなものがあると思いますか？ 例えば，喜び…キラキラ，怒り…イライラ，哀しみ…シクシク，楽しみ…ウキウキ。ホワイトボードを喜怒哀楽別に１つずつ，計４つ置くので，それぞれに思い浮かんだ擬音語を集めてみよう。

2. 浮かんだ擬音語を集める

では，やってみましょう。

ケタケタケタケタ，ニヤニヤ，ニヒヒヒ，あはは…。

「喜」のオノマトペはおもしろいね。
それは，笑い声のオノマトペかな？

ゴゴゴゴゴ，ドーン！　バーン！

 プリプリ，プンプン，ブチッ！

 「怒」はまるで大地が揺れるようですね。
「ブチッ！」大丈夫でしょうか…？（笑）

 ぽろぽろ，ぴえん。

 ガーン，ヨヨヨ…。

うまくいくコツ
なかなか思い浮かばない子どもには，漫画やアニメなどで使われている表現などを想起させるとよい。

 「哀」は，まるで涙がこぼれてるようなオノマトペがありますね。
「ヨヨヨ」っていうのは独特な表現だけど，どんなことを想像して
考えたのかな？

 ランラン，ワクワク。

 ぽわぽわ，ワイワイ。

 「楽」は，文字通り楽しそうな，
心が弾むようなオノマトペが多いですね！

＼ プラスα ／

オノマトペを集めたら，「オノマトペ俳句」「オノマトペ短歌」「オノマトペ作文」など，擬音語を取り入れて文を書くあそびもできます。

（藤原　隆博）

この言葉から想像を広げよう！
オノマトペゲーム

 時間 **3分**

 準備物 なし

ねらい

擬声語や擬音語からイメージする言葉を考える活動を通して，語彙を増やし，想像力を伸ばす。

1.ルールを理解する

（おもむろに「ギャオー」と黒板に書く）
「ギャオー」といえば？
思いつくものや，思いつくことをどんどん言ってもらうあそびです。
だれが一番多く思いつくか競争だよ。

2.練習を兼ねて1回行う

では，実際にやってみましょう。「ギャオ〜」といえば？

恐竜です。

おぉ〜，いいですね！

悲鳴です！

何があったのでしょう？（笑）

 台所でお母さんがゴキブリを
見つけたときの声です。

 いいですね。○○さんだったら？

 「ギョエ〜」かな？

3. 本番を行う

 では，「ガリガリッ」

 氷をかじる音です。

 アイスキャンディーかな？

 こする音です。

 嫌な音だよね。車をこすったことを思い出しちゃった。

 え〜っ！

＼ プラスα ／

　いったんノートに書かせてから発言させたり，ノートに書いた数を競
ったりする方法もあります。

（駒井　康弘）

言葉と笑いのセンスを磨こう！

ダジャレ王座決定戦

 時間 **10分**

 準備物 ●ホワイトボード ●タブレット端末

ねらい

ダジャレを考えて，友だちと披露し合うことを通して，楽しみながら語彙力を磨くとともに，人間関係の構築を図る。

対象

低
学年

中
学年

高
学年

1.ルールを理解をする

これから「第1回○年○組ダジャレ王座決定戦」を行います。班ごとに考えたダジャレをホワイトボードに書きます。その中から，ユーモアのある作品を全員で選びます。ちなみに，ユーモアとは，「くすっと笑うことのできるおもしろさ」という意味があります。ここまでで質問はありませんか？　では，ウォーミングアップにいくつかダジャレを考えてみましょう。

2.練習を行う

ゾウが…。

わかった！　「いるゾウ」！

そうそう，いい感じですね。次は，ふとんが…。

3 . 班ごとにダジャレを考える

 どんなおもしろいダジャレが生まれるでしょうか。では，どうぞ。

4 . 作品を交流し，1番を選ぶ

 では，作品を一斉に紹介し合いましょう。せーの，ドン！

 「サボテンがサボってんじゃないよ！」

 「今日のスイカは安いかなあ〜」

 「きれいな映像で見るのは，えいぞう」

 では，作品の中から1番だと思うものを選びましょう。
投票は，Googleフォームでしましょう。

 結果発表です。「第1回○年○組ダジャレ王座決定戦」の王座に輝いたのは……，3班の「きれいな映像で見るのは，えいぞう」です。おめでとうございます！

 次こそは選ばれたいなぁ…。

＼ ポイント ／

とにかく楽しい雰囲気でやりたいあそびです。バラエティ番組の司会者のように，教師がどんどん盛り上げていきましょう。

（南山　拓也）

言葉の意味と読みのベストミックスを考えよう！

本物よりぴったりなルビ

時間 10分

準備物 なし

ねらい

本物よりぴったりなルビを考える活動を通して，熟語の意味を基に適否の言語感覚を働かせながら類義語を見つける力を高める。

対象

低
学年

中
学年

高
学年

1 . ルールを理解する

（「漢」の字を板書して）この漢字の読みは？　そう，「カン」ですね。でも，他にも読み方があるのを知っていますか？　作家の司馬遼太郎さんは「おとこ」と読ませました。「熱血漢」「好漢」のように，「男」よりも力強く勇気がある印象が出ますよね。このような本来の読みとは異なるルビがつけられた言葉には「本気（マジ）」「強敵（とも）」「好敵手（ライバル）」などがあります。本来の読みよりも意味がよく伝わる気がするのは不思議ですね。

2 . 試しに1回やってみる

みんなも試しに考えてみましょう。「全力」と書いて何と読む？

ぼくは「フルパワー」と読ませます。英語に直しただけですが，こっちの方が，全力感が出る気がします。

私は「めっちゃ」とルビを振りました。「全力でがんばる」よりも「めっちゃがんばる」の方ががんばっている気がするから。

3. クイズ形式で交流する

「美食」と書いて何と読むでしょう？

「グルメ」でしょ？　まさか「ミシュラン」？

あ〜，それもいいね。
答えは「イタリアンフルコース」でした。

```
＼ プラスα ／
既習の物語文や説明文の1ページを抜き出し，文意がもっと伝わるよ
うルビを振る活動もおもしろいです。類語辞典も活用しましょう。
```

（宍戸　寛昌）

なぞかけを楽しもう！

○○とかけて△△と解く。その心は？

時間 10分

準備物 なし

ねらい

なぞかけをつくり，交流する活動を通して，演繹的に思考する力を高める。

対象

低 学年

中 学年

高 学年

1. モデルを見る

2つの言葉の共通するところを見つけて楽しむ「なぞかけ」をみんなでやってみましょう。では，問題です。春とかけて，ボクシングと解く。その心は？

え〜，何？　春にもボクシングにも共通することは…。

では，正解を言いますね。
「春とかけてボクシングと解く。その心は，どちらもポカポカするでしょう」です。
意味はわかりましたか？

春になると暖かくなって，ポカポカする。ボクシングも，お互いにポカポカたたき合う。そうか，ポカポカの意味は違うけれど，音が共通しているんだ。

2. 自分でつくってみる

つくり方を説明します。まず，「春」のように言葉を1つ考えます。そうしたら，その言葉が表すことを「ポカポカ」のように1つ思い浮かべます。そして「ポカポカ＝暖かい」という意味ではなく，別の意味で使われる場面を考えます。「ボクシング」のように言葉が見つかったら，「なぞかけ」の形に整えます。
では，みんなも考えよう。最初は授業や休み時間，行事から言葉を考えます。見つかったら，その言葉が表すことを思い浮かべよう。

じゃあ，「作文」にしようかな。「作文」だったら，「書く」かな。

思い浮かべた言葉が別の意味で使われる場面を考えましょう。考えられたらなぞかけの形にしてみましょう。

「かく」だったら，蚊に刺されたところを掻くなぁ。なぞかけの形にすると「作文とかけて蚊に刺されたときと解きます。その心は，どちらも一生懸命かくでしょう」になるな。

3. グループでつくったなぞかけを出し合う

作文とかけまして，蚊に刺されたときと解きます。その心は？

\ ポイント /

つくったなぞかけは，クイズ形式で「その心」が何かを考え合います。
できるだけ多くの子のつくったものに触れられるようにしましょう。

（小林　康宏）

同じ意味を3種類の言葉で表そう！

和語・漢語・外来語クイズ

時間	準備物
10分	なし

ねらい

クイズを通して，同じ意味を表していても，和語・漢語・外来語では語感やイメージが異なることを知る。

対象

低
学年

中
学年

高
学年

1. 練習問題を通してルールを理解する

 トイレの別の言い方を知っていますか？

 お手洗いです。　　　　 便所です。

そうですね。同じものですが，トイレといったり，便所といったりします。トイレのような言葉を「外来語」といいます。また，便所のような言葉を「漢語」といいます。それから，お手洗いのような言葉を「和語」といいます。外来語は外国から来た言葉，漢語は中国から来た言葉，和語は古来から日本で使われてきた言葉です。では，問題です。昼食は漢語ですが，これを和語や外来語にしてみましょう。わかったらノートに書いてください。

 和語は昼ご飯で，外来語はランチです。

2. 問題を解く

> では，これから問題を出していきます。ノートに答えを書こう。
>
> | 和語 | 漢語 | 外来語 |
> |---|---|---|
> | | 書物 | |
> | | 夕食 | |

3. 答え合わせをする

> 答えはこうなります。
> 和語，漢語，外来語を
> 比べると，どんな違い
> があると思いますか？
>
> | 和語 | 漢語 | 外来語 |
> |---|---|---|
> | 本 | 書物 | ブック |
> | 夜ごはん | 夕食 | ディナー |

> 外来語はカタカナで書く。

> 外来語で書くと，高級だったり，かっこよく聞こえたりする。

> 外来語は後から入ってきた言葉なので，新しく感じたり，かっこよ
> く感じたりすることも多いですね。また，漢語は少し硬い，難しい
> と感じるかもしれませんね。

＼ プラスα ／

　子どもたちが問題をつくり，それを出し合うこともできます。その場合は，３つセットではなく，漢語を外来語で表すなど２つの組み合わせの方が簡単に取り組めます。

（瀧澤　真）

観察力,表現力,即興力を磨こう!

写真にピッタリひと言グランプリ

 時間 **10分**

 準備物 ●ミニホワイトボード　　●電子黒板
●タブレット端末

 ねらい

　提示された写真にピッタリの言葉を考える活動を通して,瞬時に想像力を巡らせ,言葉で表現する即興力をはぐくむ。

対象

低
学年

中
学年

高
学年

1.ルールを理解する

 これから「写真にピッタリひと言グランプリ」をします。電子黒板に映った写真にピッタリの言葉を考えるあそびです。ポイントは,次の3つです。
①写真にピッタリくる言葉であること
②なるべく短くまとめたひと言であること
③クスッと笑えること
グループごとにホワイトボードに書いて,発表しましょう。

2.グループで考える

 (写真を提示し)この写真にピッタリのひと言を考えよう。

 振り向いて何か言っているみたいだ!

3. 考えたひと言を順番に披露する

 では，1班から順番に考えたひと言を
発表してもらいます。美しい少女が，
振り向いて言ったひと言は何？

 「ねぇ，私のカステラ，こっそり食べたでしょ？」

 おっと，数人が笑っていますね。次は2班。準備はいいですか。
美しい少女が，振り向いて言ったひと言は何？

 「…うまい，もう1杯！」

＼ ポイント ／

いろいろな想像を掻き立てる写真を用意することが重要です。

（南山　拓也）

いろいろな文の構成に親しもう！

重文・複文・短文カードじゃんけん

 時間　10分　 準備物　●重文・複文・短文カード

 ねらい

重文・複文・短文カードを使ったじゃんけん勝負を通して，いろいろな文の構成に慣れ親しませる。

対象

低学年

中学年

高学年

1.ルールを理解する

文の構成には大きく３つの種類がありましたね。重文・複文・単文です。（重文・複文・短文カードを見せながら）みんなに12枚のカードを配ります。カードには「グー・チョキ・パー」がついています。これを使って，じゃんけん勝負をします。「せーの」というかけ声で，カードを１枚出します。勝ったら相手のカードをもらいます。あいこのときは，自分のカードを読みましょう。

2.練習を兼ねて教師対子どもで勝負する

まずは，先生とやってみよう。カードの用意はいいですか？

せーの！（教師は１枚のカードを黒板に提示する）

あいこの人はカードを読んでね。

3. 子ども対子どもでじゃんけん勝負をする

 では，友だちと勝負。制限時間の10分が来たとき，残りのカードが多い人が勝ちです。かけ声を忘れないようにね。

 せーの！　あ〜，あいこだからカードを読もう。

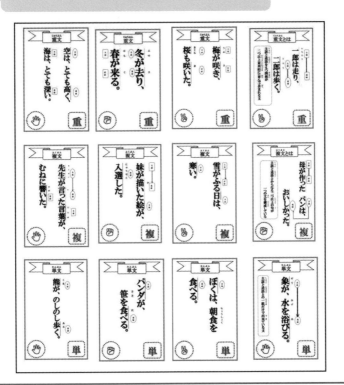

＼ プラスα ／

カードを増やして，神経衰弱のようにカードを裏返し，2枚めくってそろうとOKというあそびもできます（制限時間10分）。

（福山　憲市）

2つから選択して理由を言おう！
究極の2択スピーチ

| 時間 | 5分 | 準備物 | なし |

ねらい

同じお題でどちらかを判断する活動を通して，先生や友だちの話を集中して聞く力を高める。

対象

低 学年

中 学年

高 学年

1. ルールを理解する

 今から「究極の2択スピーチ」をしてもらいます。みんなは，どちらか1つを選んで，その理由を言ってもらいます。途中で意見を変えることができるので，最後に多い方が勝ちです。
お題は「友だちにするなら，スネ夫かジャイアンか」です。

2. 練習を兼ねてやってみる

 では，実際にやってみましょう。

 ぼくは，スネ夫がいいです。お金持ちだからです。

 ぼくは，ジャイアンがいいです。強いから守ってくれそうです。

 私は，スネ夫がいいです。ジャイアンは意地悪だからです。

3. 友だちの考えを変えられそうな意見を言う

 相手の考えを変えられそうな意見を出しましょう。

 ジャイアンは強いけど，毎週すごい歌を聞かないといけません。

 スネ夫の方が意地悪でうそつきです。

 ジャイアンはたまにいいところもあります。

 考えを変えたい人はいませんか？

スピーチ・インタビュー

■ボディーガードにするなら，仮面ライダーかウルトラマンか
■ペットにするなら，犬かゴリラか
■8歳年をとるか8歳若返るか
■宇宙に行きたいか海底に行きたいか
■なるとしたら，売れっ子芸人かアイドルか
■なるとしたら，ハエかゴキブリか
■するとしたら，寒中水泳かバンジージャンプか
■おにぎり派かサンドイッチ派か
■猫が好きか犬が好きか

お題の例

＼ ポイント ／

何も用意がいらず，子どもの話を聞く態勢をつくることができるあそびです。

（比江嶋　哲）

阿吽の呼吸で話をつなごう！
一心同体スピーチ

時間	5分	準備物	なし

ねらい

　3人組で，お題の答えを句読点ごとに区切り，順番に話していく活動を通して，友だちと話の内容を合わせながらスピーチを進められるようになる。

対象
低 学年
中 学年
高 学年

1.ルールを理解する

　3人組で，お題の答えを句読点ごとに区切り，順番に話していきます。話の内容はすべて"阿吽の呼吸"で合わせます。話を終わらせるときは，文章を終わらせた人が「。（まる）」と言います。

2.実際にやってみる

 では，お題を出します。好きな給食ナンバーワンは？

 一番好きな食べ物は，

 甘くて大きくて，

 フワフワしていて，

見た目は肌色で，

 スープによく合う，

 きなこ揚げパンです。（まる）

 すごい，きれいにまとまった！

 拍手〜！

＼ ポイント ／

　お題は，普段の授業や掃除，給食などの学校生活から，放課後や休日の過ごし方，日常生活に至るまで限りなくあります。

　発表が終わったグループへの称賛の拍手を事前に練習しておき，聞き手から盛り上げていきましょう。

（河邊　昌之）

スピーチの内容に合わせて体を動かそう！

アクティブスピーチ

時間 5分

準備物 ●スピーチ原稿（なくても可）

ねらい

スピーチの内容に合わせて体を動かす活動を通して，集中して話の内容を理解する力を高める。

対象

低
学年

中
学年

高
学年

1．ルールを理解する

今から「アクティブスピーチ」をします。スピーチをする人，スピーチの内容に合わせて体を動かす人の2名ペアで行います。その他の人は，体を動かす人の真似をします。スピーチをする人はゆっくり文章を読み，体を動かしやすくしてください。

2．試しに1回やってみる

試しに全員で1回やってみましょう。

今日の中休みに，友だちとドッジボールをしました。楽しかったです。また，明日もやりたいです。

（ボールをキャッチする動き）

うまくいくコツ
すべての単語に反応しようとせず，アクションができそうな単語で体を動かす。

（笑顔でガッツポーズをする動き）

3.少人数グループで行う

では，今度は３人グループでやりましょう。スピーチをする役，体を動かす役，体の動きを真似する役を交替で行ってください。

■学校行事（運動会，音楽祭，マラソン大会）
■学校生活（授業，給食，掃除）
■休日の出来事　　■放課後の予定　　■夢の話

お題の例

スピーチ・インタビュー

＼ ポイント ／

　体を動かす人は，表現できなくなった場合，胸の前で両手をぐるぐると回し，読み終わるのを待ちます。

（河邊　昌之）

全文を読まずに文章の中身を伝えよう！

全部言わないスピーチ

 時間　10分

 準備物　●教科書や作文

ねらい

全部言わないスピーチを通して，読み手はどの箇所を読まなくても意味が伝わるのかを考え，聞き手は想像しながら話を聞く力を高める。

対象

低
学年

中
学年

高
学年

1.ルールを理解する

今から「全部言わないスピーチ」をします。教科書や作文，日記，校外学習や夏休み，冬休みのしおりの一部を音読します。その前に，読まなくても相手に伝わる箇所に赤線を引いてください。音読のとき，そこは○○（まるまる）と読みます。

聞き手の人は，読み手の伝えたいことが伝わったら，読み終わった直後に温かい拍手を送ってください。そして，聞き手の人は，読み手が言いたかった内容を簡単に説明してください。特に○○とした箇所が何だったのかを確認し合いましょう。

2.準備をする

まずは，一人ひとりで自分が○○と読む箇所に赤線を引きましょう。どんなところなら読まなくても聞き手に文章の内容が伝わるかな？

3. 3人グループで読み合う

では，3人グループで読み合いましょう。読み手が読み終わった後に，聞き手は読み手の言いたかったことを伝えます。○○と読んでも文章の意味が伝わっていたら大成功です！

よし，しっかり集中して聞き取ろう！

4. グループから全体へ

では，今度は学級全体で行います。1人が前に出て文章を読み上げます。学級の仲間に意味が伝われば大成功です！

始めます。
…
以上です。

> **うまくいくコツ**
> 最初は「始めます」で読み始め，最後は「以上です」で読み終わる。

どうかな？　読み手の伝えたいことが伝わったら，読み終わった直後に温かい拍手を送ってください。

途中で○○が出てきてもよくわかったよ！

\ ポイント /

読み手の話がよく伝わった場合は，スタンディングオベーションを送って称賛すると盛り上がります。

（河邊　昌之）

聞いている人を笑わせよう！

絶対に笑ってはいけないスピーチ

🕐 時間 **10分**

📝 準備物 ●スピーチのカード

ねらい

人を笑わせるために，どんなスピーチをしたらよいかを考え，実際にやってみることを通して，人を惹きつける話し方を身につける。

対象
低 学年
中 学年
高 学年

1.ルールを理解する

 これからスピーチをしてもらいます。聞いている人が笑ったら，スピーチをしている人の勝ちです。スピーチをしている人が笑ってしまったり，スピーチを聞いても笑わなかったりしたら，聞いている人の勝ちです。スピーチ原稿は，自分で考えてもよいのですが，今日は先生が用意している原稿を使ってもらいます。どうすれば笑ってもらえるスピーチができるのかを考えてみましょう。

2.練習を兼ねてやってみる

 まずは先生がやります。「みなさん聞いてください！　実は…」

 本当に〜!? 笑

 笑うのを我慢している人もいたけれど，先生の勝ちですね。

3. スピーチの準備をする

 2分間練習した後，グループで
1人ずつやってみましょう。

 どうすれば笑ってくれるかなぁ。

4. グループでスピーチを行う

 「昨日こんなことがあったんです。私が歩いていると…」

 プッ！　あっ，思わず笑ってしまった〜。

 笑ってもらえる話し方のポイントは見つけられたかな？

実は，わたくし，こう見えても…

＼ ポイント ／

4人グループであれば，短くておもしろい話を4枚のカードに整理し，グループ数分用意しておく。また，振り返りの時間をとり，どんな話し方がよいのかをクラスで共有するようにする。

（大野　睦仁）

工夫してわかってもらおう！

外国の人に日本のことをスピーチ

🕐 時間	15分	✏️ 準備物	なし

ねらい

日本のことをよく知らない外国の人に，日本のものを紹介する設定のスピーチを通して，相手に応じた伝え方の工夫を考える。

対象

低 学年

中 学年

高 学年

1. ルールを理解する

これからあそびのスピーチをします。日本のことをよく知らない外国の人に，日本のものを紹介するスピーチです。外国の人への説明だけど，日本語で伝えます。まずは練習問題として，「梅干し」のことを説明します。梅干しってどんなものですか？

梅の実を塩漬けしたものです。

そうですね。じゃあ，どんな味がしますか？

ものすごく酸っぱいです。

どんなふうにして食べますか？

お弁当に入れたり，おにぎりの具にしたりします。

では先生が説明するので，外国の人になったつもりで聞いてね。これは梅干しという食べ物です。梅の木にできる実を塩漬けしたものです。味はとても酸っぱくて，見ただけでよだれが出る人もいます。しょっぱさもあるので，よくおにぎりの具にします。おいしいので，ぜひ一度，梅干しのおにぎりを食べてみてください。

2.各自でスピーチを作成する

では，自分で選んだものを説明するスピーチを考えましょう。

どんなものを説明したらいいですか？

日本にしかないもの，食べ物ならお寿司，納豆，食べ物以外だと，着物，書道，相撲などがいいね。

うまくいくコツ
何を説明するかで悩む子が多い場合，なるべく多くのものを例示する。

3.実際にスピーチする

では4人グループでスピーチをしましょう。1人が発表し，他の3人は外国の人になったつもりで聞きましょう。聞き終えたら質問しましょう。例えば，「梅干しは梅の実の塩漬けです」という説明を聞いたら，「塩だけで漬けるのですか？」などと質問しましょう。

> ＼ プラスα ／
> 大人が使うものを幼児に説明する，若者の流行をお年寄りに説明するなどのバリエーションも楽しく取り組めます。

（瀧澤　真）

新しい友だちのことをたくさん知ろう！

５Ｗ１Ｈプラス３インタビュー

 時間 10分　 **準備物** なし

ねらい

関係の浅い相手へのインタビューを通して，観点に沿って情報を引き出し，集めた情報から自分の考えをもつ力をつける。

対象

低 学年

中 学年

高 学年

1. 趣旨を理解する

４月になって，新しい仲間と一緒のクラスになりましたね。お互いのことをよく知って新しい友だちと仲良くなるために，「５Ｗ１Ｈプラス３インタビュー」をしましょう。

2. ルールを理解する

まず，隣の席の友だちの趣味，おけいこごと，がんばっていることのどれかについて，「いつ・どこ・だれ・何・なぜ・どのように」を聞きます。

次に，聞いた６つの中から，もっと詳しく聞きたいと思うことをあと３つ尋ねてみましょう。

最後に，友だちから聞いたことを自分と比べたりして，感想や考えを友だちに伝えましょう。終わったら，交代します。

3. インタビューを行う

 あなたがやっているおけいこごとは「何」ですか？

 私がやっているおけいこごとは，スイミングです。

 スイミングは「いつ」から習っていますか？

 2年生のときからです。

 「なぜ」スイミングを始めたのですか？

 泳ぐのが好きだったからです！…

 隣同士でやり終わったら，前後の席同士でやってみよう。

スピーチ・インタビュー

┌─────────────────────────────┐
＼ ポイント ／

メモをとったりすることはせず，テンポよく進め，できるだけ多くの
子とやりとりができるようにしましょう。
└─────────────────────────────┘

（小林　康宏）

友だちにじゃんじゃん質問してみよう！

○○さんに突撃インタビュー

 時間 5分　 準備物 なし

ねらい

友だちへの質問を考えることを通して，尋ねていいことだめなことを体験的に学び，学級の仲間で伝え合う力を高める。

対象

低 学年

中 学年

高 学年

1.ルールを理解する

みんなはクラスの仲間のことを知っているようで知らないってことないかな？　先生はあると思います。だから今から「○○さんに突撃インタビュー」をします。まずは，先生に何でもいいからじゃんじゃん質問してください。ただし，下品な質問は NG だよ。

2.練習を兼ねてやってみる

では，実際にやってみましょう。
質問がある人？

先生が好きな食べ物は何ですか？

そうそう，そういう感じ！
先生が好きな食べ物はカレーです。

3. ○○さんを指名してインタビューする

 ここからが本番です。質問されたい人はいますか？
では，○○さん，お願いします。

 自分の名前は好きですか？

 好きです。

 なぜですか？

 お父さんとお母さんが考えてつけてくれた名前だからです。

 いいこと言いますねー，○○さん。

 1日の中で一番好きな時間は？

 給食と夕ご飯の時間です！

 ○○さんは毎日しっかり食べてるもんね。すばらしいよ。

 はい，食べるの大好き！

＼ ポイント ／

子どものテンションが下降気味のときに行うと雰囲気が明るくなります。気分を害するような質問は教師の判断で止めさせましょう。

（駒井　康弘）

身近なものになりきって質問に答えよう！

ものの気持ちインタビュー

時間 **15分**

準備物 なし

ねらい

　様々なものになりきって質問に答える活動を通して，多様な視点や考え方をもち，それを表現する力を高める。

対象
低学年
中学年
高学年

1. ルールを理解する

教室には様々なものがあります。普段それらのものが話し出すことはなけれど，今日はみんながそのものになりきって，ものが何を考えているのか代弁してあげましょう。
今から先生は，消しゴムに変身します。
こんにちは，消しゴムの「けしちゃん」です。
「けしちゃん」への質問を近くの人と考えましょう。

最近大変だったことはありますか？

机から落下したときは怖かったですが，すぐに拾ってくれたので安心しました！
こんなふうにものになりきります。
それでは，みなさんは何に変身できそうですか。教室内を見渡して考えましょう。

2. 3人グループで行う

まずは，3人それぞれが何になるかを決めてください。「けしちゃん」みたいに名前も決めて自己紹介しましょう。
その後，インタビューする人は質問をしてください。例えば，最近の喜怒哀楽や出身地，得意技，好きな音楽，行きたい場所などです。また，消したときに出る消しカスについて聞くとか，そのもの特有の内容について聞くのも盛り上がりますよ。

じゃあ，私が鉛筆，○○くんが黒板，△△さんがテレビね。

わぁ，なんかおもしろそう！

3. 全体で行う

では，代表の人に，前に出てインタビューに答えてもらいます。クラスのみんなで質問や疑問，相談を投げかけてみましょう。1つ答えるごとに拍手をしましょう。そのとき，「お〜っ！」って歓声を上げたりすると盛り上がりますよ。
では，○○さん，お願いします！

＼ プラスα ／

みんなは回答者が何になりきっているのかを知らずに，質問や疑問を投げかけながら，何かを当てるあそびもできます。

（河邊　昌之）

グループで協力してつなげよう！

つなげてインタビュー

 時間　**3分**

 準備物　なし

ねらい

複数人でインタビューをつなげていく活動を通して，友だちの話していることにかかわらせながら話をする力を高める。

対象

低
学年

中
学年

高
学年

1.ルールを理解する

先生は，みんなの前でお話をしているとき，興味をもって質問してくれると，とてもうれしいです。そこで，今日はみんなにも，質問をたくさんされる経験をしてもらいたいと思います。お題を出すので，グループになって，1人の人が30秒話をします。その後，2分30秒質問タイムです。途中で沈黙しないようにインタビューできたらクリアです。

2.手本を見る

実際にやってみましょう。お題は好きな食べ物についてです。今から先生が好きな食べ物であるカレーライスについて30秒話します。よく聞いて，質問をしてね。（30秒話す）

カレーは辛いのと甘いの，どっちが好きですか？

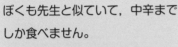

辛い方が好きですが，辛過ぎると食べられないです。

ぼくも先生と似ていて，中辛までしか食べません。
先生はどんな具材が好きですか？

チーズ入りのカレーが好きです。

私はよくカツカレーを食べます。チーズは入れたことがないので，今度入れてみます。
外食するときにも，カレーを食べますか？

家族でたまに食べに行くことがあります。子どもたちがカレーが大好きなので，月に一度はカレーの日があります。

カレーの日があるなんてうらやましいです！
先生は子どものころからカレーが好きだったんですか？

スピーチ・インタビュー

＼ プラスα ／

　朝の会のスピーチの代わりに行うなど，全員参加を保証できるように意識して取り組みます。

　アレンジとしては，ヒーローインタビュー形式で図工の作品や日々の宿題の工夫した点や苦労した点を聞き出したり，振り返りカードを用意して，何回質問できたか・友だちの質問とつなげることができたかなどを記録させたりすることが考えられます。

（江口　浩平）

公式発表ではない真相を追求しよう！

真相を追求せよインタビュー

 時間　15分　 準備物　なし

ねらい

真相を引き出すインタビューを考え，実際にやってみることを通して，目的に応じたインタビュー内容を考える力，聞き出す力を高める。

対象

低 学年

中 学年

高 学年

1．ルールを理解する

公式発表は「ウサギが寝ている間にカメが追い越して勝った」ですが，真相は「ウサギは，いつも負けてばかりいるカメをどうしても勝たせたかった」です。インタビューで追求するポイントは「ウサギは本当に寝ていたのか」です。先生が公式発表する側になるので，みなさんは，真相を引き出すインタビュアーです。記者会見風にやってみましょう。

2．練習を兼ねてやってみる

以上が公式発表になります。何かご質問のある方はいますか？

○○新聞の△△です。ウサギは本当に寝ていたのですか？

尋ね方はいいね！　でも，直接聞いて答えてくれるかな？

3. どんなインタビューがよいか考える

 「ウサギとカメは，どんな関係だったのですか？」なら，真相に近づくよね？ そんな質問をグループで考えてみよう。

 そっか！ 「仲がよかったのですか？」でもいいよね。

4. もう一度行う

 以上が公式発表になります。何かご質問のある方はいますか？

 ウサギとカメは，今までも争ったことがあったのですか？

 そうですね。何度もあったようです。

＼ ポイント ／

何度か取り組んだ後は，グループ内でやったり，公式発表・真相・インタビューで追求するポイントの3つを子どもに考えさせたりする。

（大野　睦仁）

みんなでポジティブ思考になろう！

学級の守り人インタビュー

時間　10分

準備物　なし

ねらい

悩みや相談にポジティブに答えるインタビューを通して，物事を前向きに捉える視点や態度を身につける。

対象

低 学年

中 学年

高 学年

1.ルールを理解する

今から「学級の守り人インタビュー」をします。この学級を守る「守り人」にインタビューをします。どんなことでもポジティブな発言ができる人が守り人役になり，みんなからの悩みや相談を３つ受けます。守り人がポジティブに即答できれば成功です。

この活動を通して，物事の捉え方や視点を変えるなどして，いつでも前向きに考える習慣をつけていきましょう。

- ■悲しい話や失敗した話
- ■まだできないことや見方によってはマイナスなこと
- ■夢や将来の話
- ■最近の不安や悩み

悩みや相談の例

2．インタビューを行う

 守り人は○○さんにやってもらいます。
では，守り人に質問や相談をどうぞ。

 跳び箱が上手に跳べません。どうすればいいですか？

 こんにちは，守り人です。
跳ぼうとがんばる姿がかっこいいです。
これからも自分を信じて挑戦し続けましょう。
あなたに幸あれ。

 わ～，ありがとうございます。
なんだかやる気がわいてきた！

みんなも拍手～！
では，次の質問や相談をどうぞ。

> **うまくいくコツ**
> 「こんにちは，守り人です」「あなたに幸あれ」のようなセリフを決めておき，雰囲気を盛り上げる。

スピーチ・インタビュー

＼ ポイント ／

　守り人への質問や相談は，近くの人と事前に１分程度話し合っておき，インタビューが始まったら，質問や相談が途切れることがないようにします。また，事前に話しておくことで，質問の意図がわからないものが少なくなります。

　すべての質問や相談に１人で答えられる守り人には，「伝説の守り人」の称号を与えます。

（河邊　昌之）

3つのヒントから連想しよう！

宝箱の中身はなあに？

 時間　**3分**

 準備物　●宝箱のイラストカード

 ねらい

宝箱の中身をヒントを聞いて当てていくゲームを通して，連想して考える力を高める。

対象

低学年

中学年

高学年

1. ルールを理解する

（次ページの宝箱のイラストカードを示しながら）先生の持っているこの宝箱に入っているものは何でしょう？
ヒントを3つ言うので，わかったら手をあげて発表してください。
わかったら，1つめで発表してもいいですよ。

2. 練習を兼ねてやってみる

 では，実際にやってみましょう。ヒント1，いきものです。

 キリンです！

 違います。ヒント2，みんな見たことがあります。

 カエルです！

違います。では，最後のヒント３。…「ニャー」と鳴きます。

 ネコです！

 正解です！

3. 教科書から出題された問題を考える

 ヒント１，教科書のどこかに出てきます。

 ヒント２，しゃべります。

 ヒント３，「よいしょ，よいしょ。おもたいな」としゃべります。

 「ふきのとう」です！

＼ ポイント ／

　イラストカードを示すだけで，低学年の子どもはのってきやすくなります。できるだけたくさんの子どもに参加させましょう。教科書につないでいくと，よい雰囲気で授業に入れます。

（比江嶋　哲）

2つのものを比べてみよう！

違いはなあに，一緒はなあに？

🕐 **時間** 15分 📝 **準備物** ●柿と鍵の写真など

ねらい

2つのものを比べる活動を通して，共通点や相違点を見つける力をはぐくむ。

対象

低学年

中学年

高学年

1. ノートに2つのものの違いを書き出す

 （黒板に写真を貼りながら）これは何ですか？

 柿です。

 （黒板に写真を貼りながら）これは何ですか？

 鍵です。

 今からノートに柿と鍵の違うところを3つ書きましょう。書いた後に隣の席のお友だちと発表し合います。そのときに，2人が書いたことが同じだったら1ポイント差し上げます。だから，隣の子がどんなことを書きそうか予想しながら書きましょう。

> **うまくいくコツ**
> はじめは書かせたいことの例を示し，考えやすくしてもよい。

2 . お互いが書いたものを伝え合う

 では，お隣同士で，書いたことを言い合います。「柿は○○だけど，カギは△△です」のような言い方をしましょう。

 私から言うね。柿は食べられるけれど，鍵は食べられません。

 あっ，それぼくも書いた！ 1ポイントだね！

3 . 共通点を探すゲームを行う

 今度は2つのものの同じところを見つけましょう。
見つけてもらうのは，牛と馬です。

┌──────────────────────────────┐
　　　　　＼ ポイント ／

　慣れてきたら，観点を決めて比べる内容をそろえると，比較の思考が一層身につきます。
└──────────────────────────────┘

(小林　康宏)

順番のきまりを見つけよう！
これってどんな順番？

 時間 **15分**

 準備物 ●4種類の動物の写真など

 ねらい

　順番のきまりを見つける活動を通して，複数の事柄の順序を考える力をはぐくむ。

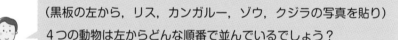
対象 低学年 中学年 高学年

1. 黒板に貼られた写真の順序を考える①

 （黒板の左から，リス，カンガルー，ゾウ，クジラの写真を貼り）
4つの動物は左からどんな順番で並んでいるでしょう？

 わかった！　小さい順に並んでいる！

 そうですね。一番小さいリスからだんだん大きくなっていますね。

2. 黒板に貼られた写真の順序を考える②

 では第2問。（黒板の左から，カンガルー，クジラ，ゾウ，リスの
写真を貼り）今度はどんな順番になっているでしょうか？
お隣の席のお友だちと相談してみましょう。

 今度は大きさの順じゃなさそうだなぁ…。

ヒント！　声に出して読んでみるとわかるかもしれません。

 カンガルー…クジラ…，わかった！　あいうえおの順番だ。

 その通り。あいうえの順で早く出てくる方から並んでいますね。

3. 自分で問題をつくって隣同士で出し合う

 今度は自分で問題をつくって隣同士で出し合いましょう。並べ方を考えて，ノートに4つの絵をかきます。絵がうまくかけない場合は言葉でも大丈夫です。できたら問題を解き合いましょう。

大きさの順番じゃなさそうだなぁ…

どんな順番なんだろう…

＼　ポイント　／

時間がない場合，先生モデルの時間は少なくして，子どもたちが問題をつくり，出し合う時間をできるだけたくさんとりましょう。

（小林　康宏）

中身も言葉もつなげながら話をしよう！

しりとりトーク

 時間　10分　 準備物　なし

ねらい

語尾と語頭を類別するとともに，会話のつながりが不自然にならないように話題を選びながら，話す力を高める。

対象

 低学年

中学年

高学年

1.ルールを理解する

 これからお題に合わせて楽しく話し合ってもらいます。ルールは簡単です。前の人が話した文の最後の文字から次の人が話すというものです。ひと言でいうと，しりとりですね。

2.ペアで話し合う

 お題は「夏に遊びに行くなら海？　山？」です。では，ジャンケンをして順番を決めたら始めてください。

 私が行くなら絶対に海です。砂浜で遊んだり，波にゆられたりしながら1日遊べるのが最高で「す」。

 「す」こしだけ海もいいかなと思ったけど，やっぱり山でしょう。森の中は涼しいし，昆虫採集もできるもん「ね」。

「ね」ね, ね, 粘土のような砂浜が…, ダメだ！
「ね」で始まる言葉が見つからないよ〜。

3. ルールを変えて話合いを続ける

「…ね」「…です」のように，同じ言葉で終わることが続きますね。
ここからは，会話の終わりを人・もの・ことの名前にしましょう。

海のよさはいろいろあるけれど，
やっぱりおいしいシーフー「ド」。

「ど」う考えても山の方が美味しいごは「ん」。
…あっ！

＼ プラスα ／

慣れないうちは，単語単位のしりとりで文をつなげさせるとやりやすいです。体言止めの効果に気づかせることもできます。

（宍戸　寛昌）

話合い・トーク

いろんな視点の質問から答えを考えよう！

10ヒントゲーム

 時間 5分　 **準備物** ●答えを書く紙（A4判）

ねらい

質問に回答しながら答えを予想する活動を通して，注目する視点をもつ力をはぐくむ。

1. ルールを理解する

これから，この紙に言葉を書きます。そして，それを代表の人の背中に貼ります。みんなは，代表の人に，「生き物ですか？」「大きいですか？」などと10個の質問をします。
紙を貼られた代表の人は，「生き物です」「大きいです」などと答えながらみんなの反応を見て，答えが何か予想してください。
当てたら代表の勝ちです。

2. 全員でやってみる

では，実際にやってみましょう。
（「カブトムシ」と書いてある紙を代表の背中に貼る）代表さんは，背中に貼ってある紙を自分は見ずに，みんなに見せて立ってね。

代表さん，それは生き物ですか？

はい，生き物です。

 おおー！

 代表さん，それは大きいですか？

 う〜ん…，大きいです！　 えー！

 代表さんは，みんなの反応を確認しながら，ちょっとずつ答えを予想してね。どんどん質問していきましょう。

 代表さん，どんな色ですか？

 黒です。　 おおー！

 （10個終わって）答えはなんでしょう？

 カブトムシです！

 すごいっ，正解です！
みんな拍手〜！

\ ポイント /

「サッカーで使うものですか？」など，答えがすぐにわかってしまうような直接的な質問は NG とします。

（比江嶋　哲）

楽しい話のセンスを磨こう！

ラッキーボタン

⏰ 時間	3分	📝 準備物	●丸磁石

ねらい

　大喜利風の結末を考える活動を通して，楽しく気の利いた話をするセンスを磨く。

対象

低
学年

中
学年

高
学年

1. ルールを理解する

（教室に入ったら，おもむろに黒板に丸い磁石を貼る）
これは，「ラッキーボタン」です。あなたは，朝，教室に入ったら
このボタンを見つけました。押したらどうなると思いますか？
考えをいろいろ出してください。拍手の多い人が優勝です。

2. 練習を兼ねてやってみる

突然学校が休みになる。

ラッキーだね！　他にありませんか？

音が鳴って，お金が降ってくる。

それもラッキーだね（笑）　他にはありますか？

学校が爆発する！

うまくいくコツ
脱線した回答は，全体の
雰囲気を壊さないように
配慮しつつ指導する。

ボガーン！
それはラッキー…，じゃないよね。
みんなが喜びそうなことを考えよう！

3．他のお題に挑戦する

では，次のお題を言います。「学校で新しい帽子をつくることになりました。値段は10万円！　新しくついた機能は何？」

危ないときにパトランプが出て，警察が来てくれる！

＼ プラスα ／

子どもたちは大喜利が好きです。「桃太郎が４匹目を連れていったら負けてしまった。それは何？」などいろいろ挑戦させましょう。

（比江嶋　哲）

楽しく話をつなげよう！
合いの手トーク

時間 **5分**

準備物 ●合いの手カード

ねらい

　様々な話題について，「合いの手カード」を活用しながら対話することで，相手の話を受け止め，楽しく話をつなぐ力を育てる。

対象

低 学年

中 学年

高 学年

1. ルールを理解する

　今から「合いの手トーク」という対話あそびを行います。先生が示す話題について，ペアで話をします。「合いの手」とは，歌や曲の間に挟む手拍子やかけ声のことです。合いの手が入ると，楽しい気持になってきます。もちろん，話す人は，聞く人が「もっと聞きたいな」と思ってくれるように工夫して話します。聞く人は，話す人が「もっと話したいな」と思うように合いの手を入れましょう。話が2分間途切れることなく続いたペアは合格です！

「？」でつなぐ	「！」でつなぐ		「動き」でつなぐ
□それで？	□ああ～！	□おおっ！	□うなずく
□それから？	□すごいね！	□うんうん！	□身を乗り出す
□どうして？	□わかった！	□なるほど！	□拍手をする
□どういうこと？	□たしかに！		□目を見開く
□～っていうこと？			

合いの手カード

2. ペアで取り組む

 では，実際にやってみましょう。
今回のテーマは，「休日にしたこと」です。

 この前のお休みの日にね，公園に行ったんだよ。

 それでそれで？

 公園でね，友だちとどんぐりをたくさん拾ったんだ！

 いいなぁ！
どれくらい拾ったの？

 かぶっていった帽子が，どんぐりでいっぱいになっちゃったよ！

 すごいね！
それからそれから？

 それからブランコに乗って…

＼ ポイント ／

　学級の実態に応じて，「合いの手カード」を活用します。「合いの手カードの項目は，少しずつ増やしていくと話合いのコツに気づくことができます。また，どの合いの手を使ったかチェックできる欄を設けることで，意欲も高まっていきます。

（手島　知美）

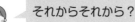

OKワードが出るようにトークしよう！
OKワードでトークタイム

時間 **10分**

準備物　● OK，NG ワードのフリップ

ねらい

　OK，NG ワードを意識したトークを通して，対話することを楽しんだり，大切にしたい価値を共有したりする。

対象

低学年

中学年

高学年

1.ルールを理解する

今からグループでトークタイムをします。先生からテーマを伝えるので，そのテーマでトークしてみてください。時間になったら，トークタイムで出してほしかった言葉＝ OK ワードと，出してはいけなかった＝ NG ワードを発表します。だれか 1 人でも出していればよいです。OK ワードだけならプラス。NG ワードだけならマイナス。両方出ていたらプラスマイナスゼロです。

2.練習を兼ねてやってみる

クラス全体でやってみます。テーマは「最近食べたもの」。

私はパスタを食べました。すごくおいしかったです。

私も○○さんと同じで，パスタを食べました。おいしかった！

OKワードは「同じで」，NGワードは「すごく」でした！

あ〜，残念。でも確かに，「同じで」を使うとトークが弾むね。

3. グループで行う

では今度はグループで行います。テーマは「最近努力していること」。みんなが均等に話せるようにしましょう。スピーチではないので，友だちのトークに対する「そうなんだね」とか，「どうしてそう思ったの？」といったやりとりを大事にしましょう。

私は家庭学習。漢字テストに合格したいと思っているんだよね。

ぼくも同じ！　でも，つい後回しになっちゃう…。

＼ ポイント ／

NGワードを言ってしまった子も安心できるように，OK，NGワードを通して，楽しく対話したり，学んだりすることが大切だと伝えます。

（大野　睦仁）

カードに書かれた接続語に続けて話をしよう！
つなぎ言葉につなげよう

時間　10分

準備物　●つなぎ言葉カード

ねらい

つなぎ言葉に続く話を考える活動を通して，接続語を類別するとともに，文のつながりに応じて話す内容を考える力をはぐくむ。

対象

低
学年

中
学年

高
学年

1. ルールを理解する

４人グループの机の真ん中に，「つなぎ言葉カード」を重ねた山を置きます。じゃんけんで順番を決めたら，１人ずつテーマに沿った話をしてください。ただし，２人めからはカードに書かれたつなぎ言葉に続けて話をしてくださいね。カードが全部なくなったらゲーム終了です。前の人の話に合わせて，自然につなげながら話すことを意識しよう。

2. グループごとに話し合う

テーマは「おいしい夏の食べ物」です。では，始め！

えーっと，ぼくが好きなのは，いちごのかき氷です。

「また」メロン味もおいしいよね。甘くって。

「しかし」甘いものばかりだと飽きてしまうから，私は夏祭りで食べる焼きそばをおすすめします。

「なお」大きな鉄板でいっぱいつくる焼きそばは，家とは違うおいしさがあります。みんなも食べたいでしょ？

2周目だね。えーっと「さて」夏といえば夏野菜ですが，みなさんは何が好き？　ぼくはやっぱりトウモロコシが一番です。

「では」夏野菜の王様，ゴーヤをおすすめします。
（カードがなくなるまで話合いを続ける）

話合い・トーク

＼ ポイント ／

　勝敗を競い合うゲームではないので，うまくつながる言葉が出ない友だちにはアドバイスをし合う雰囲気をつくりましょう。

（宍戸　寛昌）

同じ意見にならないように発表しよう！

感想かぶっちゃダメよ

| 時間 | 5分 | 準備物 | なし |

ねらい

　他の人と同じにならないように感想を発表する活動を通して，自分から進んで違う意見を述べようとする態度をはぐくむ。

対象

低学年

中学年

高学年

1．ルールを理解する

 今から絵本を読み聞かせしますね。読み終わったら，ひと言でいいから感想を発表してもらいます。しっかり絵本を見てくださいね。できるだけたくさんの人に感想を言ってもらうけど，他の人と同じ感想は言っちゃだめだからね。いろんな感想を考えておいてね。

2．感想を発表する

 絵本を読み終えました。では，どんなことを思ったか，感想を発表してもらいましょう。最初に発表したい人？　はい，○○さん！

 おもしろかったです！

 おもしろかったよね。それだけでいいんです。次はだれかな。○○さんと○○さんと○○さん！　3人続けてどうぞ。

楽しかったです！

 おもしろかったです！

 それ，最初の人が言いましたよ。感想がかぶっていますね。ちょっとでもいいから違う感想を言ってね。「おもしろかったです」「楽しかったです」じゃなかったら，何でもいいですよ。

 えっと…，押し入れから違う世界に入るとこがおもしろかった！

 ただ「おもしろかった」じゃなくて，その理由を加えてくれましたね。すばらしいです。それでは，次の○○さん！

 不思議なおばあさんが出てきて怖かったです。

3. 振り返りを行う

 感想発表は，最初に発表した方が言いやすいですね。だから，意見が言いにくい人ほど早めに手をあげてもらうと楽かもしれないね。後から発表する人は，理由をつけ足したり，場面を具体的に言ったりすると発表しやすいですね。

\ ポイント /

　中には，どうしても発言しにくい子どももいます。そんなときは「どういうところがおもしろかった？」「一番心に残った場面は？」などとサポートしてあげましょう。

（広山　隆行）

理由を考えてピンチを切り抜けよう！

ピンチ脱出ゲーム

🕐 **時間** 10分

📝 **準備物**
●脱出カード
●ピンチカード

ねらい

カードを使ってピンチを切り抜けさせる活動を通して，説得力のある理由を考える力を高める。

対象

低 学年

中 学年

高 学年

1. ルールを理解する

3～4人でするゲームです。

「脱出カード」を使ってピンチを脱出します。

まず，それぞれ3枚「脱出カード」を引いてもらいます。そして，「ピンチカード」を1枚めくります。

自分の脱出カードを1枚だけ使って，ピンチカードに書かれたピンチを脱出する方法を説明をしてください。

最後に説明が一番うまい人を指さして1位を決めましょう。

2. 全体で練習を行う

「宿題を5日連続でやってない」が出ました。
どうやってのりきりますか？

「百万円」を先生に渡して許してもらう！

「モアイ」像をつくっていてできませんでしたと言う！

「はかせ」に一瞬でやってもらう！

「変装セット」で校長先生になりすまして，「許してやりなさい」と言う！

説明がおもしろい，納得できたという人を指さしましょう。多く指された人は，そのピンチカードをもらうことができます。
最後にピンチカードの多い人が優勝です。
では，脱出カードをもう一度集めて，今度はグループでピンチカードを引いてそれぞれやってみましょう。

ゲーム機	宇宙人	変装セット	みかんマン
あやしい薬	ゴリラ	お菓子セット	百万円
はかせ	かわいい犬	モアイ	ロボ

脱出カード

こわい人がむこうからやってきた	宿題を5日連続やってない	給食で苦手なものがでてきた	遊びに友だちがしっこくさそう
道に迷って暗くなってきた	友達とけんかして仲直りがしたい	運動会で負けそう絶対勝ちたい	目の前で赤ちゃんがないている

ピンチカード

＼ プラスα ／
グループ対抗戦もできます。お題を出して，グループで3枚脱出カードを引いて，3枚を組み合わせてピンチから脱出します。

（比江嶋　哲）

みんなで合意できるように話し合おう！
コンセンサスゲーム

 時間　10分　 準備物　なし

ねらい

友だちの意見を聞きながら，グループで合意形成を図っていく活動を通して，考えをまとめる力を高める。

1.ルールを理解する

 このゲームは，みんなの考えをそろえていくゲームです。みんなで意見を聞き合い，その意見を比べながら「なるほど」と多くの人が思える考えをつくってください。これを「合意形成」といいます。

2.練習を兼ねてやってみる

 では，実際にやってみましょう。
最高においしいおにぎり，具に何を入れる？

 ツナマヨ！　ツナとマヨネーズの組み合わせは最高です。

唐揚げ！　ジューシーでお腹にたまるからです。

 おかか！　味が濃くておいしいからです。

3．「合意形成の技」を使って話合いをする

 では，意見を比べながら最高のおにぎりを考えよう。その際「合意形成の技」を使います。「優先順位を決める」「条件つき」「いいところだけ追加」「少しずつ盛り合わせ」「合体」があります。

 人気の唐揚げとツナを盛り合わせたらどうかな？

他の班も納得する理由を考えましょう。

 唐揚げは冷めてもおいしいし，ツナは健康にもいいから，これで栄養満点と言ったら納得するんじゃないかな？

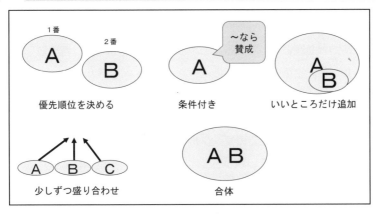

合意形成の技

＼ ポイント ／

　テーマは，「給食のNo.1メニューをつくろう」「運動会でどの競技をどんな順でしたいか」など，意見に幅が出るものがおすすめです。

（比江嶋　哲）

即興で物語をつくってつなごう！

あたかも読書

 時間 **15分**　　 準備物　●白紙（B4またはA3判）

即興で物語をつくり，つないでいく活動を通して，物語の基本的な構造についての知識を活用する力を高める。

対象
低 学年
中 学年
高 学年

1. ルールを理解する

真ん中で半分に折った白紙を配ります。これを本のように持って，あたかも読書をしているかのように物語を想像して，音読してみましょう。物語は大抵，次のような構造をしていましたね。

1　時・場・人物の設定　　2　ある日の出来事
3　クライマックス　　　　4　おわり

題名は先生が決めるので，グループで1〜4の担当を決め，白紙をバトン代わりに渡しながら交代して物語をつなぎましょう。

思い浮かばずに止まってしまったらどうしますか…？

> **うまくいくコツ**
> 直近で学んだ作品やだれもが知っている有名な物語をアレンジした題名にする。

「すると！」と言って次の子にすぐ白紙を渡してしまいましょう。自分でもがんばりたいところだけど，友だちを信じましょう。

2. グループでやってみる

 では，やってみましょう。題名は「小さなかぶ」。どうぞ！

 昔々，あるおじいさんがかぶの種をまきました。（白紙を渡す）

 何か月か経ったある日，かぶは育ちましたが，小さなかぶのままで，少しも大きくなりませんでした。（白紙を渡す）

おじいさんが小さなかぶを見て文句を言っていると，体がどんどん小さくなっていきました。そのおかげで，小さなかぶが，大きく見えました。（白紙を渡す）

 おじいさんは，大きく見えるかぶを食べたら，体が元の大きさに戻りました。めでたしめでたし。（グループで大きな拍手）

3. 全体の場で読んでみる

 では，みんなの前でやってみたい班は？

 はい，やってみます！

＼ ポイント ／

豊かな想像を促したい局面で，学級の雰囲気づくりとして行います。

下品・残酷な内容にならないよう，事前に注意をしましょう。

（藤原　隆博）

互いを認め合いながらキーワードを言おう！

相反するものトーク

時間	**10分**	準備物	なし

ねらい

相反するものになりきってトークする活動を通して，会話を通して相手のよさを見つけようとする態度をはぐくむ。

対象

低学年

中学年

高学年

1．ルールを理解する

今から「相反するものトーク」をします。「冷水と温水」のように相反するもの同士になりきり，お互いのよさを引き出していきます。相反するものだからこそ，自分にはない素敵なものを相手はもっています。お互いを認め合うトークを行いながら，2分以内にキーワードを1つでも言えれば成功です。キーワードが言えなかったとしても，ポジティブで前向きな会話を聞いているだけで，温かい気持ちになりますよ。

2．練習を兼ねて1回行う

では，最初に○○くんと△△さんにやってもらいます。なりきるのは「冷水と温水」，キーワードは「氷」「シャワー」「風呂」です。

温水さんは温かくて，冬はみんなの人気者ですね。

冷水さんこそ，夏の人気者じゃないですか！

 温水さんは最近何か困ったことがありますか？

 お風呂が熱すぎて，子どもが入れないと言うんです。
でも，これ以上設定温度を下げられません。

 それならば，ぜひシャワーで私（冷水）を入れてください！

 さて，2人のトークでは，冷水さんと温水さんが助け合っていましたね。そして，「風呂」と「シャワー」という2つのキーワードが出てきました。
すばらしいですね。拍手！

話合い・トーク

テーマ	キーワード
勉強とあそび	テスト，友だち，学校
太陽と月	宇宙，地球，日光
飛行機と船	空，海，外国
明るいと暗い	電気，外，夜
岩と砂利	川，海，山

テーマとキーワードの例

＼ ポイント ／

慣れてきたらキーワードを学級全員で決めることで，前に出て行う2人だけの成功ではなく，学級全体の成功になります。

（河邊　昌之）

短文をつくって動作化を楽しもう！

くじ引き作文ミッション

| 時間 | 15分 | 準備物 | ●カード用の白紙
●練習用カードと袋 |

ねらい

友だちと協力して文をつくり，動作化する活動を通して，「だれが」「なにを」「どうした」など文を組み立てる力を高める。

対象

低
学年

中
学年

高
学年

1.ルールを理解する

 この「だれが」と「どうした」の袋には，いろいろな言葉が書かれたカードが入っています。何が出るかはカードを引いてのお楽しみです。
まずは「だれが」のカードを引きます。「先生が」でした。
では，「どうした」のカードを○○さんが引いてください。

 「おどった」でした！

 「先生が」「おどった」ですね。では，先生が踊ります！

2.動作化を体験する

 今度は，「だれが」は「私たちが」です。
「どうした」で，みんながやるのは何かな…？

「大ジャンプした」です！

では，みんなで大ジャンプ！

3. カードの種類を増やして取り組む

では，ここからレベルアップです。他にもいろんなカードがあった
らおもしろいよね。グループで，「だれが」「なにを」「どうした」
の3種類でやってみましょう。白紙を配るので，グループで協力し
て，3種類のカードをたくさんつくってください。
カードができたら，引いてみましょう。

「○○さんが」「さんぽを」「歌った」だ。なんだかへんてこな文に
なった。

それもおもしろいですね！
動作化するのが難しいものもあるかも
しれないけど，どんどんつくってみま
しょう。

次はどんな文ができるかな…。

＼ プラスα ／
くじ引きのほかにも，グループで，カードを，「3・2・1」のかけ
声で出し合うという方法もあります。

（池谷 悠里）

九九が散りばめられた作文を書こう！
九九がいっぱいお話づくり

時間	15分

準備物　●九九表

ねらい

　九九が入った作文を書く活動を通して，楽しみながら九九を復習しつつ，作文を書く力も高める。

対象
低学年
中学年
高学年

1．ルールを理解する

> 今から，先生がある作文を読みます。その作文の中にかけ算九九が登場します。もし，気がついたら手をあげてください。
> （下の作文例をゆっくりと読んでいく）

【作文例】
お母さんに，今日の夕ご飯のおかずを聞きました。「にく」と教えてくれました。何と，十八枚も焼くそうです。お腹がいっぱいになりそうです。
家で，いろんなものを片づけしていると，たくさんの「くし」を見つけました。
何と，三十六本もありました。びっくりです。今度，バザーの時に出す予定です。
お父さんから「にし」さんの家まで行ってとお願いされました。にしさんの家まで行きました。けっこう重たかったです。
八本の大根を持って行くので，うちの畑で作った大根をかごに入れて，にしさんの家まで行きました。けっこう重たかったです。
家にもどってから，友達と「はっぱ」を使った飾りを作りました。はっぱは，全部で六十四枚使いました。
はっぱの飾りが，とてもきれいにできました。飾りを作った後，しっかりと手を「ごしごし」洗いました。
二十回は，ごしごしこすってしっかり手を洗いました。

わかった！　「にく」が九九で，「にく＝18（枚）」です。

2.練習を兼ねて，ペアで作文を書く

 では，まずは友だちとペアで九九が入った作文に挑戦してもらおうと思います。友だちと一緒に，九九表を使って，おもしろい作文を書いてください。

 もうたくさん考えました！　さっそく作文を書きます！

3.1人で挑戦する

 では，ここからは1人で挑戦です。九九を使って，いろいろなおもしろいお話を生み出してくださいね。九九表を見ながら，いろんな言葉のアイデアを考えてみてくださいね。

 先生，九九表をしっかり読むと，いろんなお話が浮かびます。たくさん書けそうです。

 九九表をしっかり読んでいてすばらしいね！

 （悩んでいる子に）この九九で，何かおもしろい動物とか食べ物が浮かばない？

> ＼ ポイント ／
> 子どもが書いた作文は掲示し，九九に親しむ環境をつくります。

（福山　憲市）

表情や動きを文章で伝えよう!

まねっこ台本リレー

⏱ 時間 **10分**

✏️ 準備物 ●ミニホワイトボードとペン

ねらい

表情や動作を文章化する活動を通して，様子を表現するための語彙を増やしたり，伝え方を工夫したりする力を高める。

対象

低学年

中学年

高学年

1.ルールを理解する

今から，みんなに脚本家さんと俳優さんになってもらいます。俳優さんは，脚本家さんが書いた台本の通りに演技をしてください。脚本家さんには，先生の表情や動作を文章にしてもらいます。

2.グループで取り組む

では，実際にやってみましょう。4人1列グループで，一番後ろの席の人が俳優さんです。それ以外の3人は脚本家です。俳優さんは後ろを向いてください。脚本家は1分ずつで交代して協力して台本を完成させます。

では，始めます！（簡単な動作をする）

わ～，単純な動きだけど，文章で伝えるのは意外と難しい…。

うまくいくコツ
教師の演技は，わかりやすいものにする。

（1分後）では，次の人です。
今度は先生はどうするかな…？

（3人めまで終わった後）台本が完成したようですね。
では，完成した台本を俳優さんに渡して演技してもらいます。

（俳優役の演技を見て）うわぁ，全然伝わってない～。

しまった，腰に手を当ててることを書いてなかった！

では，先生がどんな動きをしたのか，俳優さんたちにも見てもらいましょう。（最初と同じ動きをして）どんな言葉をつけ足したら，もっと詳しく先生の動きが伝わるか考えて，台本をつくり直してみましょう。

作文

> ＼ ポイント ／
>
> 子どもの発達段階に合わせて教師の動作を単純にしたり，複雑にしたりして難易度を調整します。

（立川　詩織）

どんな絵をかいたのか説明しよう！

お絵かき説明作文

| 時間 | 10分 | 準備物 | ●練習用の絵 |

絵をかいて，それを文章で説明する活動を通して，文章でわかりやすく伝える力を高める。

対象

低
学年

中
学年

高
学年

1.ルールを理解する

今日ははじめに簡単な絵をかいてもらいます。次に，その絵を説明する作文を書いてもらいます。それからその作文を発表します。発表を聞いた人は，どんな絵なのかを再現してみましょう。うまく再現できるでしょうか。

2.練習を兼ねてやってみる

では，練習としてやってみましょう。

まずは，先生が自分でかいた絵を説明する作文を読みます。みなさんは，それを聞いて，どんな絵なのかノートに再現してください。

「真ん中に大きなひまわりがあります。右には家が見えています。その家は１階建てで，屋根は三角形です。その家の上には丸い太陽があります」

さあ，どんな絵がかけましたか？

（それぞれが書いた絵を近くの人と見せ合う）

これが先生のかいた絵です。（黒板に絵を貼る）

3．各自が問題づくりをする

では，実際にやってみましょう。まずは簡単な絵をかきます。
次に絵がかけたら，それを文章で説明しましょう。

4．グループで問題に取り組む

では班ごとに問題を出し合ってみよう。

> **うまくいくコツ**
> 説明する際，左から右，下から上など順番を明確にして伝えると聞き手がイメージしやすくなる。

この絵のことを説明しました。

上手に再現できたかな？

＼ ポイント ／

複雑な絵をかくと説明が難しく，再現するのも大変になります。なるべく単純な図の組み合わせでかくようにアドバイスしましょう。

（瀧澤　真）

何かになりきって自分のことを説明しよう！

わたしはだれでしょう？

| 時間 | 15分 | 準備物 | なし |

ねらい

　自分の選んだものになりきって，その特徴を説明する活動を通して，簡単な文章を書くことに慣れる。

対象

低学年

中学年

高学年

1.ルールを理解する

今から「なりきり作文」を書いてもらいます。

なりきり作文とは，自分が何かになりきって書く作文です。例えば，自分の机になりきって，その机のことを説明します。

そのなりきり作文ができたら，次にそれを発表します。ただし，何になりきったのかは言いません。

作文を聞いた人たちは，発表した人が何になりきっているのか当てましょう。

2.練習を兼ねてやってみる

では，練習としてやってみましょう。

まずは，先生が書いた作文を発表します。

ぼくは，まことくんの○○です。

ぼくは毎日まことくんにけられています。校庭でけられることが多いのですが，たまに教室でもけられます。手で投げられることもあります。ぼくの体には黒と白のもようがあります。まことくんにお願いがあります。たまにでいいので，ぼくを洗ってください。いつも泥だらけなので，きれいにしてください。

さあ，先生が何になりきって書いたかわかりましたか？

サッカーボールです！

正解！　このように，まずは何かになりきって作文を書きましょう。１つ書けたら次の作文にも挑戦しましょう。先生が発表した作文を配るので，書き方はそれを参考にしてください。

3．班で問題を出し合う

では班ごとに問題を出し合います。答えの部分は「○○」と言うようにしましょう。全員が予想したら，答えを発表しましょう。班での発表が終わったら，１人代表を決めてください。代表者には，学級全員の前で発表してもらいます。

・参考文献：野口芳宏『作文指導の新提案』明治図書，p.204

＼　ポイント　／

　学年に応じてなりきるものを変えます。人物でも構いません。高学年ならば，歴史上の人物になりきって書かせると，高度な問題になります。その場合，少し長めに時間をとって資料を見ながら書かせましょう。

（瀧澤　真）

どんなふうに見つけたか伝えよう！
なぞなぞの答えを探る作文

時間	15分

 準備物　なし

ねらい

　なぞなぞの答えを探った過程を文章で伝える活動を通して，わかりやすく説明する力を高める。

対象

低 学年

中 学年

高 学年

1. ルールを理解する

　今から，先生がなぞなぞを出しますね。

　ちを９個集めてつくる星って何でしょう？　友だちと30秒相談していいよ。

　正解を発表します。その星は「ちきゅう」です。

　さて今日は，友だちと相談したことを作文にする「なぞなぞの答えを探る作文」に取り組んでもらいます。

　作文の例を紹介しますね。

　先生が出したなぞなぞの答えを考えます。

　「ち」を９こ集めてつくる星ということなので，「ちちちちちちちちち」ということになります。でも，こんな星はないので，友だちと考え合っていると浮かびました。地球です。「球」を「9」と考えると，「ちが9こ」ということになります。これが答えだと思います。

作文の例

2. 作文に挑戦する

では，みんなにもペアで挑戦してもらいます。
蚊が池に落ちたら野菜になったよ。何という野菜かな？
ヒントは，「落ちる」という言葉が大切です。この言葉を生かして
くださいね。

う〜ん，どういうことだろう。わかった？

わかった，「かぼちゃ」だ！　どういうことかというと…。

○○さんは，ペアの友だちに上手に説明をしているね。すばらし
いです。説明したことや相談したことをしっかり作文に書いてね。

■すわっているのに，空にあるものは何？
■ランドセルの上についている花は何？
■0の次と4の次の数を合わせた果物は何？
■ドアをたたいているように鳴く動物は何？

なぞなぞの例

＼ ポイント ／

なぞなぞの答えが「動物・植物・身の回りにあるもの」などに限定さ
れた問題を出すと，興味をもちながら書くことに取り組めます。

（福山　憲市）

結果から原因を想像しよう！

原因はなあに？

時間 10分

準備物 なし

ねらい

結果が起こった原因を想像して書く活動を通して，因果関係を考える力を高める。

対象

低 学年

中 学年

高 学年

1.ルールを理解する

この封筒の中に，ある出来事が書いてあります。みんなは，どうしてそんなことが起こったのか，その理由を考えて書いてください。「わけは…」から書き始めると書きやすいです。

制限時間は5分なので，5分で思いついた理由を書いてください。

2.ノートに理由を書く

（封筒を開け，出来事を示す）

「朝，教室に入ったらクラスのみんなから笑われてしまった」

さて，いったい何があったのでしょう？ その理由を考えてノートに書いてごらん。よーい，スタート！

笑われた理由，何だろう…。

> **うまくいくコツ**
> なかなか書けない子には，教師がヒントを出す。

ひらめいた！ 「朝ごはんで食べたご飯つぶが顔についていた」。これでよし！

3. ノートに書いた理由を発表する

では，ノートに書いた理由を発表してもらいましょう！

わけは，パジャマを着てきたからです！

それは大変だ！ 着替えるの忘れたんだね。

＼ ポイント ／

　高学年であれば，最初に示した文を「結果」とすると，その理由となるノートに書いた文が「原因」となり，「原因」と「結果」の合成語となる「因果関係」という国語の学習用語を教えてもよいでしょう。

（広山　隆行）

文章に隠された暗号を見つけよう！

隠された言葉を探せ

時間	15分

準備物	なし

ねらい

ひらがな1文字から文章をつくる活動を通して，語彙を広げる。

対象

低
学年

中
学年

高
学年

1. 練習問題を通して，ルールを理解する

> 今から先生がある文章を黒板に書きます。
> みんなは，〔　　　　〕に何が入るのか想像してください。
>
> たのしいクラス
> きもちのよいクラス
> さわやかなクラス
> わ〔　　　　　　　〕
> そんなクラスにしていきましょう！

さあ，みなさん，空欄は何が入るかな。

「わるいことをしないクラス」だと思います。

なるほど，いい考えですね。
今回先生がつくったのは，「わらいのあるクラス」でした。

さて，実はこの文章には秘密があります。わかるかな？

 え～，何だろう…。

 ヒントです。この文章にはある言葉が隠れています。

 わかった！ 行の最初の文字を並べると，
た き さ わ になる！

 そっか，先生の名前だ！

 正解！ 「たきざわ」になります。「さ」は「ざ」と同じと考えてください。

2.各自で問題を考え，グループで出題し合う

 では，みんなも，このようにある言葉を隠した暗号をつくってみましょう。自分の名前だけでなく，好きなキャラクターの名前，知っている言葉，好きな言葉など，何でもいいですよ。
隠すのは文のはじめではなく，途中でも構いませんが，読んだ人が言葉のつながりが見つけられるように工夫してください。

 （書く時間をとった後）では，班で問題を出し合いましょう！

＼ ポイント ／

辞書を使わせると，いろいろな言葉を候補にすることができます。

（瀧澤　真）

サイコロの言葉を使って上手にお話をつくろう！

サイコロ作文

時間 10分

準備物 なし

ねらい

サイコロで出た言葉に続くお話を考える活動を通して，友だちと１つの話をつなげていくことを楽しむ。

対象

低学年

中学年

高学年

1.ルールを理解する

今日は，これからお話を考えてもらいます。みんなが考える題は，「さる太郎」です。サイコロを振って，出た言葉に続くようにお話をつくっていきます。班で交代しながらお話をつくっていき，一番上手にお話をつくった班が優勝です。はじめは，どの班も「むかしむかし，あるところにさる太郎がいました」です。

2.グループで取り組む

始めます。「むかしむかし，あるところにさる太郎がいました」

「さて」が出た！
「さて，さる太郎は買い物に行きました」

そうそう，そんな感じです！

では，続けてサイコロを振ってお話をつくっていきましょう。最後は，「こうして，さる太郎はいつまでも幸せにくらしました。めでたしめでたし」で終わりましょう。

 よし，サイコロを振るぞ！
「一方」が出た。「一方，うし太郎はバナナを拾ってさる太郎にあげました」

 「さて」が出た。えーっと，難しいなぁ…。

 どうしても思い浮かばないときは，
1度だけ振り直しOKです。

> **うまくいくコツ**
> 1回だけは再度サイコロを振るチャンスを与える。

今度は「すると」だ…。「すると，さる太郎はとってもよろこびました」。よし，できた！

	さて		
そこで	ところが	すると	一方
	また		

＼ ポイント ／

　話の内容のおもしろさよりも，まずはしっかり話をつなげていくことを意識させましょう。

（比江嶋　哲）

全部を見せなくても伝わるように書こう！
伏字作文

時間　10分

準備物　なし

ねらい

　あえて一部を伏字にする作文を書く活動を通して，読み手や簡潔な表現を意識して文を書く力を高める。

対象

低
学年

中
学年

高
学年

1．ルールを理解する

日本の国歌，「君が代」の歌詞と意味です。

君が代は　　　　　　　　千代に八千代に
（あなたの命が）　　　　（ながくながく）

さざれ石の巌となりて
（小さな石が（長い年月で）大きな石になり）

苔のむすまで　　　　　　　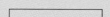
（その石に苔がつくまで）

こんなふうに，もともとは長寿を願い，祝う意味の歌なんですね。
では，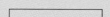に言葉を入れるとすると，どんな言葉が考えられるかな？

「長生きしてください」かな。

いいですね。日本では、作品をつくる際、わかりきっていることはあえて書かないという文化があります。特に、短歌や俳句は、作品そのものがすごく短いから、わかりきったことは、詠まずとも聞き手に伝わるように書くことが大事だね。

2. 各自で取り組む

では、みんなにも挑戦してもらいます。今から2行日記を書いてもらいます。明らかに書かなくても読み手に伝わると思う箇所は▢▢▢▢▢▢と書いておきます。▢▢▢▢▢▢がなくてもうまく伝わるように文章を考えてね。

う〜ん、意外と難しい…。

3. グループで読み合う

では、書いた文章を班で回し読みし、その後、答えを確認しましょう。1字1句を当てるのではなく、「○○さんが言いたかったのは、こういうことだよね？」と確認をしましょう。

＼ ポイント ／

　最初は短い文章から始め、慣れてきたらだんだん▢▢▢▢▢▢の箇所を増やすことに挑戦させましょう。また、よい文章は学級全体で共有しましょう。

（河邊　昌之）

決められた言葉をうまく使おう！

単語指定×時間制限短作文

| 時間 | 10分 | 準備物 | ●原稿用紙 |

制限時間内に，決められた言葉を使って短い作文を書く活動を通して，書くことへの抵抗を小さくし，書く力の素地をはぐくむ。

対象

低 学年

中 学年

高 学年

1.ルールを理解する

 クラスみんなで３つ言葉を選びます。今日は，その言葉を使って制限時間内に200字のお話を書きます。

 「りんご」「野球」「グローブ」

 野球とグローブは仲間の近い言葉だね。作文を書くときには，遠い言葉の方がおもしろくなるから，違う言葉ちょうだい！

 「ちりとり！」

 いいですね。
では，「りんご」「野球」「ちりとり」の３つにしましょう。

2 . 作文を書く

制限時間は７分。原稿用紙の最後の１行でピタッとお話が終わるとかっこいいよ。

うまくいくコツ
制限時間は学級の実態に合わせて決める。

3 . 作品を紹介し合う

鉛筆を置きましょう。では，できたお話を紹介し合いましょう。読んでもいいよという人？

はい！　「野球の練習が終わり，家に帰った。玄関に入ると，奥からおいしそうなりんごパイの香りがしてくる。…」

拍手！　感想はありますか？

短い時間なのに，上手につくっていたと思います。
特に，会話文を入れていたのがいいなと思いました。

「りんご」を「りんごパイ」という言葉で登場させるのは，思いつかなかったです。

・参考文献：浜文子『文章力！』小学館，pp.24-27

> ＼ プラスα ／
> 慣れてきたら，使う言葉を増やしたり，言葉を登場させる順番を指定したりするのもおすすめです。

（佐藤　司）

作文

短時間で魅力的な物語をつくろう！

インスタント起承転結

時間　**20分**

準備物　●イラストをかく白紙

ねらい

「設定」「展開」「山場」「結末」という物語の基本的な４場面に沿って
あらすじをつくる活動を通して，説明する力を高める。

対象

低学年 中学年 高学年

1. 準備をする

今から配る紙に自由に絵をかいてください。きまりは１つだけ。
「ダメダメ君（イラストを板書する）」が主人公の物語の１場面であ
ることです。みんなが不快に感じるような場面はダメです。

2. ルールを理解する

みんながかいた絵をシャッフルしました。
この中からランダムに４枚選び物語をつく
ります。４枚の紙芝居のイメージです。

> **うまくいくコツ**
> 物語がつながりやす
> い順番にする。

3. 物語をつくりながら発表する

起…ダメダメ君が０点のテストを持って帰って来ました。
お母さんに見つかったら怒られるに決まっています。

承…突然空から大きな消しゴムが落ちてきました。UFO が投げたものがぶつかったようです。そのショックでテストはどこかに。

転…テストを探して歩き回るダメダメ君。手に持ったペットボトルからは，水が流れ続けています。その水には不思議な力があり…

結…いつの間にか木が生え，キノコが生え，たくさんの動物が集まって来ました。テストのことは忘れて，幸せに暮らすダメダメ君でした。おしまい。

起

承

転

結

＼ プラスα ／

１人１台のタブレットとロイロノートなどの共有アプリがあれば，同じ絵を全員で共有できるので，グループごとの活動が可能です。

（宍戸　寛昌）

おいしいとこだけ要約して伝えよう！

要するに，こうなのだ

| 時間 | 15分 | 準備物 | なし |

ねらい

　文章や会話の要点を抜き出す活動を通して，目的に応じて一文に要約する力を高める。

対象

低学年

中学年

高学年

1. ルールを理解する

 今から，先生が昨日の休みに出かけたときのお話をします。みんなはメモをとりながら聞いた後，その内容を1文に要約してください。ルールは1つだけ。「要するに」で始めて「なのだ」で終わることです。

2. 試しに要約文を書いてみる

 ぼくが書いた文は「要するに，先生はキャンプに行ったのだ」です。

 私は「要するに，キャンプに行った先生は，おいしいお肉を食べたのだ」です。

 ぼくも言います。「要するに，先生は1人でお肉を焼いて，とても楽しい1日を過ごしたのだ」です。

上手だと思ったのは，だれの文の，どんな書き方ですか？

3. 目的を変えて要約文を書く

 これから短い物語を読みます。要するにどんな話なのかまとめてください。ただし，結末を書かずに，読みたいと思わせましょう。

 要するに，女性と男性の心が通じ合うようでいて，通じ合わない結果，驚きのラストが待っている話なのだ。

 要するに，男はみんな女性ロボットの手のひらの上，ということなのだ。

要するに，
男はみんな女性ロボットの
手のひらの上，
ということなのだ。

\ ポイント /

説明文の授業とは異なり，伝えたいことだけを要約すればよいことを
強調することで，様々な工夫が生まれます。

（宍戸　寛昌）

すごい自分を描こう！
都合のいい未来日記

| 時間 | 10分 | 準備物 | ●原稿用紙（ノートでも可） |

ねらい

まだ実施していない行事の未来日記を楽しみながら書く活動を通して，当日の流れを確認しつつ，その日の行動に対する意識を高める。

対象

低学年
中学年
高学年

1.ルールを理解する

（原稿用紙を配付して）今日は運動会の日記を書いてもらいます。

えっ!?　先生，運動会は来週です。練習のことを書くんですか？

違います。運動会当日のことを書きます。1週間先にある未来の運動会の出来事を予想して書いてください。質問はありますか？

2.都合のいい未来を書いてみる

「白組の勝ち」と書いてもいいですか？

いいですよ。もちろん，紅組の人は紅組が勝った未来を書いて OK です。自分にとって都合のいい，理想的な未来を書いてください。ただし，開始時間やプログラム順などはリアルに書いてね。

3. 予想と現実の答え合わせをする（後日）

 運動会が終わりました。今日は，運動会の未来日記の答え合わせをします。今から，自分の書いた未来日記を読み返してください。

 リレーが1位だったのは，未来日記どおり。全体で白組が負けてしまったのは残念だったけど。

 でも，白組が190点というのは合っていますね。惜しかったね。ところで，すべての予想がばっちり正解だった人はいますか？

 隣の岩谷さんは，紅組の勝ちで，210対190という得点まで合っています！

＼ ポイント ／

自分にとって都合のいい未来しか書かないことで，プラスのイメージをもって，行事当日を迎えることができます。

（俵原　正仁）

色彩語を使って日記を書こう！

今日は何色日記

| 時間 | 10分 | 準備物 | 教科書 |

ねらい

色彩語を使って日記を書く活動を通して，感じたことや考えたことなどを豊かに表現する力を高める。

対象
低 学年
中 学年
高 学年

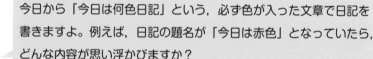

1.ルールを理解する

 今日から「今日は何色日記」という，必ず色が入った文章で日記を書きますよ。例えば，日記の題名が「今日は赤色」となっていたら，どんな内容が思い浮かびますか？

 「今日は赤色」だから，燃えている感じかな。何か怒ることがあったのかもしれません。

 赤色だから，トマトとかリンゴとか赤い食べ物ばかりを食べたのかもしれません。

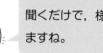 おもしろい！ こんなふうに，色を聞くだけで，様々な場面が想像できますね。

> **うまくいくコツ**
> 色から感じることは人それぞれで，多様であることを共有しておくとよい。

2. 例文を読む（低学年）

「したこと」「したことをくわしく」「思ったことや考えたこと」の
3つで書いてみましょう。

今日は青色

　わたしは，たいいくのじかんに，てつぼうをやりました。

　まえまわりで，ぐるっとまわったときに，そらが見えました。

　とてもきれいないろでした。えのぐのあおいろや水いろとは，ちょっ
とちがうなとおもいました。

3. 例文を読む（中・高学年）

心の中を色で表現してみましょう。

今日は赤色

　今日は，運動会だった。朝から気合いを入れて家を出た。赤組も白組
も同点のまま，つなひきを迎えた。心の中は「絶対勝つぞ！」という思
いで真っ赤に燃えていた。結果は負けだった。でも，みんなで力を合わ
せて戦ったので満足だ。

＼ プラスα ／

　題名の「今日は○色」のところを隠して「この日記は，何色日記か
な？」というあそびにしたり，「今日は○色」と指定して全員同じ色で
書くのも盛り上がります。

（手島　知美）

カタコトの英語を使って1日を振り返ろう！
カタコト英語日記

 時間 15分

 準備物 なし

ねらい

　カタコトの英語を使ったおもしろい日記を書く活動を通して，日記を書くことを楽しめるようになる。

対象

低 学年

中 学年

高 学年

1.ルールを理解する

今から「カタコト英語日記」を書いてもらいます。書く内容はいつもと同じです。違うのは書き方です。例えば，こんな感じです。

「ぼくは，ハウスに帰った後，デスクに散らかったブックやゲームを整理。マザーにほめられるかと思ったけれど，あっそうしか言われず，ベリーショック。その後，ジュースをドリンクして，おやつをイートして，一息ついた」

 正しく英語を使えるより，楽しく日記が書けることが大事です。

2.練習を兼ねてやってみる

 では，少しやってみましょう。
今日の朝の登校の様子を，カタコト英語で振り返ってみましょう。

私は，モーニング，○○というフレンドと一緒にスクールへ…。

わからない英語は調べてもいいですか？

もちろんいいですよ。ただ，調べることに時間をかけ過ぎるのはよくないですし，カタコト英語だらけの日記だと，読みづらくなりますよ。

3 . 日記を紹介し合う

みんなに書いてもらったカタコト英語日記の中から，ある人の日記を紹介しますね。

「ホワイ？　なぜ忘れてしまったんだ！　オーノー！　トゥデイは，近くのパークで，みんなでサッカーをプレイするはずが，帰って録画をルックしていたら，いつの間にかナイトになって，晩ご飯をイートしているときに，気づいてしまった…」

おもしろい！
上手に書いているなぁ〜。

うまくいくコツ
読み上げるだけではなく，できれば学級通信などで文字情報でも共有することで，楽しさがより伝わる。

＼　プラスα　／

日記だけではなく，スピーチとして取り組んでも盛り上がります。また，他言語のいくつかの単語をリストにして，「カタコト韓国語日記」「カタコトスワヒリ語日記」などとしても楽しめます。

（大野　睦仁）

日記

思わず笑ってしまう日記を書こう！

笑わせたらOK日記

| 時間 | 10分 | 準備物 | なし |

ねらい

人を笑わせる日記を書く活動を通して，相手（読み手）意識を高めたり，表現のバリエーションを増やしたりする。

対象

低学年

中学年

高学年

1.書き方を理解する

今日の日記は「笑わせたらOK日記」です。だれかが傷ついたり，嫌な思いをしたりするものはダメです。日記なので，本当のことを書いてください。つまり，本当のことをどうやって楽しく書けるかがポイントになります。その日記を読んだ人が笑ったらOKという日記です。そのため，みんなが書いたものを今回はみんなの前で読む可能性があります。ただ，ちょっと難しいなと思う人は，いつも通りの日記で大丈夫です。少しずつ挑戦してみましょう。

2.練習を兼ねてやってみる

少しやってみましょう。先生が今から3つの動作をします。それを文章に表してみましょう。〈①突然頭を抱える，②ふと思い出したように顔を上げる，③スクワットを始める〉
それでは，書いてみましょう。

「いったい何が起きたのか…。頭を抱えた先生。しばらくすると顔を上げた。その表情は天使のよう。なのになのに直後に始めたことは…」

友だちの書き方でよいところは，どんどん取り入れましょう。

3. 紹介し合う（後日）

昨日書いた「笑わせたら OK 日記」，挑戦者はいますか？

やってみます！

では，○○さんの日記を紹介しますね。
ジャッジは先生。みんなの表情を見ながら紹介しますね。
では，読みますよ。
「さっき…」

おもしろい！

思わず笑ってしまったぁ〜。

＼ ポイント ／

　書いた日記をグループで見せ合うことにもときどき取り組み，感想を伝え合います。そうすることで，どの子にも学ぶ機会を保障します。

（大野　睦仁）

特徴をつかんで楽しく書こう！
○○風日記

時間	10分	準備物　なし

ねらい

指定された形で日記を書く活動を通して，特徴をつかみ，多様に表現する力を高める。

対象
低学年
中学年
高学年

1.昨日の出来事を思い出す

 昨日の出来事について振り返って，簡単でいいので日記を書いてみましょう。3分くらい時間をとりますね。

 昨日は，友だちと桜公園で遊んだなぁ…。

 どんなことを書きましたか？

 昨日，ぼくは，たかしくんと桜公園で遊びました。はじめにキャッチボールをしました。その後，アスレチックをしました。楽しかったです。

2.昔話風に書き換える

 では，その日記を昔話風に書き換えてみましょう。

昔話の始まり方はどんな感じですか？

 「むかしむかし，あるところに」です。

 では，文はどんな感じで書かれていますか？

 「○○があったとさ」のように，方言みたいな感じで書かれていることが多いです。

 終わり方はどうなっていますか？

 「とっぴんぱらりのぷう」みたいにおもしろい言葉で終わっていたりします。

 「めでたし，めでたし」で終わるのも多いです。

 では，始まり，文の感じ，終わりの工夫をして日記を昔話風に書き換えてみましょう。

3 . 書いたものを交流する

 隣の席同士で読み合って，読んだら感想を伝え合いましょう。

＼ プラスα ／

「スポーツ実況風」「推理小説風」「関西の人がしゃべっている風」など様々な○○を工夫することができます。

（小林　康宏）

古典の言葉に親しもう！

昔の表現日記

⏰ 時間	10分	✏️ 準備物	なし

ねらい

日記を昔の表現に書き換える活動を通して，古典の言葉に親しむ。

対象

 低学年

 中学年

高学年

1. 昨日の出来事を題材に日記を書く

 昨日の出来事を思い出してみましょう。

昨日は，友だちがうちに来て，一緒に宿題をやったなぁ…。

 3分時間をとるので，今思い出したことを基にして，簡単に日記を書いてみましょう。

 どんなことを書きましたか？

「昨日，さやかさんとあすかさんがうちに来て，一緒に算数ドリルの宿題をしました。
わからないところを教え合ったりしました。だから，きっと全問正解していると思います。
 算数の授業での答え合わせが楽しみです」

2. 昔の言葉の表現に書き換える

 今日は，今書いた日記を昔の言葉の表現に変換してみます。
昔の言葉の表現には，どんなものがありましたか？

 「…たり」が使われていました。

 「…けり」や「…なり」もあった。

この他にも「…や」とか「…かな」といった表現があります。述語を昔の言葉に変えるようにしてみると，書きやすくなります。例えば「宿題をしました」だったら，「宿題をしけり」とか「宿題をしたりけり」といった感じになります。普通の言葉も「うちに来て」を「わがいえに来たり」のように固い感じにするとよいですよ。
では，先ほど自分が書いた日記を，昔の表現にして書き換えてみましょう。

3. 書いたものを交流する

 昔の表現に変えた日記を隣同士で交換して，読み合いましょう。
読んだら，感想を伝え合いましょう。

\ ポイント /

「枕草子」や「竹取物語」など，古文の学習をして，子どもの関心が
高まっているときに行うと効果的です。

（小林　康宏）

へんやつくりを組み合わせて漢字をつくろう！

漢字たし算（単漢字Ver.）

 時間　10分　　 準備物　なし

ねらい

漢字のたし算を通して，へんやつくりなどを組み合わせることで漢字ができていることを理解する。

対象

低学年

中学年

高学年

1.ルールを理解する

 今日は，たし算をしますよ。ただし，国語の授業なので，漢字のたし算です。今から練習問題を出します。

イ ＋ 木

このたし算の答えは何でしょう。

 「休」です。

 正解です！　今日はこういうたし算をやっていきます。

2.問題を解いていく

 では，何問か出すので，答えをノートに書きましょう。

言 ＋ 売

言 ＋ 周

少し問題を難しくしますよ。

エ ＋ 穴

水 ＋ 糸 ＋ 白

木 ＋ 見 ＋ 立

3. 各自で問題づくりをする

では今度はみんなで問題づくりをしましょう。

先生がやったように，たし算をつくってみましょう。

できたら班で問題を出し合います。

＼ プラスα ／

　上級編として，熟語をバラバラにして，たし算にするというやり方も
あります。例えば，「寺」＋「日」＋「十」＋「言」＝時計のようにな
ります。こちらも子どもにも問題を考えさせましょう。

（瀧澤　真）

バラバラになった漢字で熟語をつくろう！
漢字たし算（熟語Ver.）

 時間　10分　 準備物　なし

ねらい

　漢字の部分を組み合わせて熟語を完成させる活動を通して，漢字のへんやつくりなどの構成に着目する態度をはぐくむ。

対象

低学年

中学年

高学年

1 .ルールを理解する

 今から漢字の計算練習をします。

 ええっ!?　国語の時間なのになんで算数なの？

 いいえ，計算といっても，算数の計算問題ではありません。漢字の計算です。例えば，こんな問題です。
永　＋　水　＋　水
見たことのある熟語ですよ。わかりますか？

 え～，なんだろう…。

 ヒントです。水の１つはへんに置き換えてみましょう。
水のへんは何かな？

あっ，わかった！　できる熟語は漢字２文字ですよね？

 はい，その通りです！　何ですか？

 「水泳」です。

 正解です。さんずいは「水」ですから，それと「永」を組み合わせると「泳」ですね。あとは順番を入れ替えて「水泳」です。

2. 各自で問題に取り組む

 では本番。黒板に問題を書きます。
頁 ＋ 里 ＋ 立 ＋ 彦
未 ＋ 又 ＋ 走 ＋ 口 ＋ 耳
木 ＋ 木 ＋ 木 ＋ 木 ＋ 木
口 ＋ 木 ＋ 口 ＋ 木

 わ〜，難しい…。

 全問できた人は，先生のところに持って来ましょう。
ピンポーン，大正解です！

───

\ ポイント /

　問題のレベルは，学年や学級の実態に応じて設定します。最初は時間を要しますが，やり方を覚えるとすきま時間に行う活動や自主学習のメニューの１つにすることができます。

（駒井　康弘）

できるだけたくさん見つけよう！
隠れた漢字探し

時間	10分	準備物	なし

ねらい

図中に隠れている漢字を探す活動を通して，クラスの友だちと交流し，友だちや自分自身のがんばりに気づく。

対象

低学年

中学年

高学年

1 . ルールを理解する

 この図（次ページイラスト）の中に，漢字が隠れています。わかった人はいますか？

 山？

 正解！ 「山」が隠れていますね。

 はい！ 「川」も隠れています。

 他にもまだあります！

うまくいくコツ
見つけた漢字をノートに書くときには，必ず①②と番号をつけさせる。ひと目でいくつ書いたのかわかるので，やる気もアップする。

 （「①山」「②川」と板書しながら）では，今から，できるだけたくさん漢字を見つけて，「①山②川」のように番号をつけながら，ノートに書いてください。時間は5分です。

2. 隣の友だちと確認し合う

20個見つけた人はいますか？　あまりいないようですね。あと2分時間をとります。隣の人と見せ合いっこしてもかまいません。20個以上漢字を見つけてください。

3. すごいと思った答えに○をつける

友だちに教えてもらった漢字で，「よくこれを見つけたな。すごいな」という漢字に○をしてください。または，自分で見つけた漢字で，「これは他の子は見つけてないだろう」というものでもかまいません。それでは，○をつけた漢字を発表してください。

漢字

この中に漢字が隠れています。わかるかなぁ？

\ ポイント /

　向山洋一氏の漢字探しの修正追試です。修正したポイントは，はみ出した部分を追加したことです。これで「五」のような境界線上の漢字のほとんどが正解になり，みんなスッキリすることができます。

（俵原　正仁）

1つだけ種類の違う漢字を見つけよう！
仲間外れゲーム

 時間 10分　 **準備物** なし

ねらい

漢字の仲間外れを探す活動を通して，漢字の部首名や画数に着目する力を高める。

対象

低学年

中学年

高学年

1.ルールを理解する

 今から「漢字の仲間外れゲーム」をします。漢字をいくつか黒板に書きますが，1つだけ仲間外れになっている漢字があります。仲間外れの漢字を見つけて，どうしてその漢字が仲間外れなのかをみんなに説明してください。

2.練習を兼ねてやってみる

 では，実際にやってみましょう。
「手　足　日　口　耳」の中で仲間外れはどれでしょう？

 「日」です。他の漢字は体に関係する漢字だけど，
「日」だけは違うからです。

 そうそう，そんな感じです！

3. 仲間外れをどんどん見つける

 では，本番。
「線 牛 紙 組 絵」の中で仲間外れはどれ？

 「牛」です。他の漢字は糸へんだけど，「牛」は違います！

 正解！ 続けます。
「沿 洗 映 砂 皇」の中で
仲間外れはどれ？

> **うまくいくコツ**
> テンポよく問題を出す。

「沿」です。他の漢字は9画だけど，「沿」だけ8画です。

漢字

\ プラスα /

語彙を広げる活動として，「くま　きりん　りんご　かば　ばく」の
中から仲間外れを探すなど，漢字以外の出題方法もあります。

（近藤　優歌）

身近なもので漢字をつくろう！
文房具で漢字づくり

時間　10分

準備物　●文房具

ねらい

　文房具を使って漢字をつくる活動を通して，漢字を構成するパーツに意識を向けたり，漢字により親しみをもったりする。

対象

低
学年

中
学年

高
学年

1. ルールを理解する

　今から，文房具を使って漢字をつくります。グループでつくるので，グループのみんなが持っている文房具を使いましょう。それでも足りない場合は，リコーダーなど使えそうなものを使ってもかまいません。協力し合って，できるだけ早く完成させます。できたグループは，「できた！」と言ってください。

2. 練習を兼ねてやってみる

　練習を個人でやってみます。漢数字の「四」です。スタート！

　できた！

　「四」の四角いところはいいけど，斜めのところをどうつくりましたか？　鉛筆を増やして大きくすると斜めを表現できそうだね。

3 . グループで挑戦する

 では，さっそくやってみましょう。机を向かい合わせて，くっつけてください。漢字は「空」です。

 グループだから鉛筆はたくさんある。「空」の斜めのところも上手につくってみようよ。

 うん。「空」の「エ」は，上の横棒の方が短いんだよね。

 グループの様子を見て回っていたら，漢字のつくりの細かいところまで考えているグループがありました。とってもいいです！

＼ プラスα ／

制限時間のあるタイムトライアルにしても盛り上がります。また，すでに学習した漢字ではなく新出漢字にすると，よい予習になります。

（大野　睦仁）

この漢字, これでいいの?
漢字ダウト

 時間 15分

 準備物 ●ミニホワイトボード

ねらい

漢字の間違い探し問題をつくる活動を通して, 漢字のへんやつくり, 漢字と送り仮名の関係などの特徴の理解を深める。

対象

低学年

中学年

高学年

1. ルールを理解する

漢字の間違い探しをします。といっても, みんなが問題をつくります。出題したい漢字を3〜6つ集めます。例えば, 「父」「母」「兄」「弟」「姉」「妹」のようなつながりのある漢字や, 「当てる」「楽しい」「親しい」「教える」など送り仮名のある漢字もいいと思います。教科書に出てくる「同じ部首の漢字」「送り仮名に気をつける漢字」「組み合わせによってできている漢字」などを参考にしよう。

2. 漢字を集める

「預かる」「測る」「受かる」
送り仮名に注目して集めたよ!

「天」「夫」「未」「末」
1画目の長さの違いで集めたよ!

そうそう, そんな感じです。どんどん集めてみよう！

3. 問題をつくり, 出題し合う

 では, 1か所だけ間違いをつくりましょう。
問題ができたら, 近くの人と出題し合いましょう。
問題はミニホワイトボードに書いてください。

 「因果」「原因」「因難」「敗因」

 「因難」は「困難」じゃないですか？

 正解です！

 「税金を収める」「国を治める」「学問を修める」

 う～ん, 間違いがないん
じゃないかな…。

実は「税金を収める」は
「税金を納める」です。

> **うまくいくコツ**
> 慣れてきたら, 間違いを入れないという出題方法も認めると盛り上がります。

＼ プラスα ／

　グループでアイデアを出し合いながら問題をつくることで楽しさが増し, よりよい習得と活用が期待できます。

（藤井　大助）

漢字で目標を端的に表そう！

漢字でめあてづくり

 時間　15分

 準備物　なし

ねらい

行事のめあてを漢字で端的に表す活動を通して，様々な漢字の意味を考えながら語彙を増やす。

対象

低 学年

中 学年

高 学年

1.ルールを理解する

6月から，みんなが楽しみにしている水泳学習が始まりますね。今日は，今年の水泳学習でがんばるめあてを，漢字を中心に3つ考えてもらいます。

2.めあてを考える

水泳学習で今年できるようになりたいことはありますか？

クロールで25m 泳ぎたい。

50m を速く泳げるようになりたい。

距離やスピードなど，みんなそれぞれにこだわっていることがありますね！

3. めあてを漢字で表す

 では，みんなのそのめあてを，漢字1文字，または漢字を使ったひと言で表してみましょう。

 自分は息継ぎがもっとうまくなりたいから，呼吸の「呼」かな。

 私は「掴む」です。
手で水をつかむように泳ぎたい！

 では，めあてと漢字をセットにして，3つ書いてみましょう。

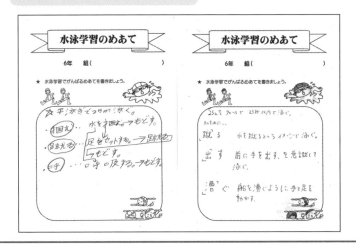

＼ プラスα ／

運動会，合唱コンクール，スポーツ大会など，めあてを掲げて取り組む様々な行事で活用できます。

（藤井　大助）

サイコロを転がして漢字をゲットしよう！
サイコロ漢字タワー対決

 時間 10分　 **準備物**
●漢字タワープリント
●サイコロ

 ねらい

サイコロ勝負をしながら漢字を集める活動を通して，目的に応じた既習の漢字の復習に取り組む。

対象
低学年 | 中学年 | 高学年

1.ルールを理解する

今から「サイコロ漢字タワー対決」をします。まずは，2人組でじゃんけんをして，勝った人からサイコロを振ります。そして，漢字タワープリントの出た目の漢字に1つだけ○をします。次は，じゃんけんに負けた人がサイコロを振ります。
制限時間10分で，どこかの漢字タワーに全部○がついていたら勝ちです。2人とも全部○がついていなかったら，引き分けになります。終わりにしっかりと，あいさつをしてくださいね。

2.練習を兼ねて教師と対戦する

では，先生とやってみましょう。じゃんけんをします。

勝ったからサイコロを振ります。
4が出たから7画の漢字を1つ選ぼう！

こんなふうに，サイコロを転がしながら，勝負をしていきます。

3．子ども同士で対戦する

 では，今度は友だちと勝負をしてみましょう。
漢字に○をつけたら，空書きで画数を確かめてみましょう。

 3が出たから，「店」に○をつけよう。空書きすると…

 いいですね，丁寧に漢字の画数を確かめていてすばらしいです。
最後はしっかり「ありがとうございました」と言い合ってね。

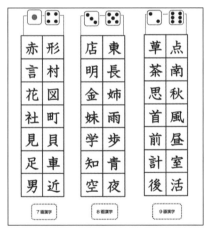

⚀	⚁		⚂	⚃		⚄	⚅
赤	形		店	東		草	点
言	村		明	長		茶	南
花	図		金	姉		思	秋
社	町		妹	雨		首	風
見	貝		学	歩		前	昼
足	車		知	青		計	室
男	近		空	夜		後	活

7画漢字　8画漢字　9画漢字

⚀	⚁	⚂	⚃	⚄	⚅
安	暗	医	皮	乗	育
事	持	主	昔	意	勝
全	運	進	農	習	都
湖	世	表	委	柱	氷
倍	他	集	味	豆	根
島	礼	炭	庭	品	鉄
鉄	羊	秒	畑	港	島
旅	平	勉	様	箱	薬

1，2年で習う7〜9画の漢字　　　　3年で習う漢字

＼ プラスα ／

同じ部首，同じ画数，同じ読み，○年で習う漢字など，漢字タワープリントは目的に応じて様々なつくり方ができます。

（福山　憲市）

漢字の成り立ちを意識しよう！
漢字の成り立ちサイコロ勝負

時間 **10分**

準備物
●漢字の成り立ちプリント
●サイコロ

ねらい

サイコロ勝負を通して，漢字の成り立ち（象形文字・会意文字・指事文字・形声文字）に目を向ける態度をはぐくむ。

対象

低 学年

中 学年

高 学年

1.ルールを理解する

今から「漢字の成り立ちサイコロ勝負」をします。2人組になってじゃんけんをして，勝った人からサイコロを振ります。出た目によって，漢字の成り立ちの場所が決まります（次ページプリント参照）。□の中に，どれか1つ漢字を書き込みます。制限時間10分で，どこかの場所の漢字がすべて埋まったら勝ちです。2人とも埋まらなかったら引き分けです。

2.練習を兼ねて教師と対戦する

まずは，先生とやってみましょう。じゃんけんをします。

勝ったからサイコロを振ります。
1が出たから「象形文字」だ。
じゃあ…，「田」を書こう！

3. 子ども同士で対戦する

 では，今度は友だちと対戦します。

 勝ったから，ぼくが最初にサイコロを振ります。

 （子どもたちの様子を見て歩きながら）丁寧に漢字を四角の中に書いていますね。すばらしいです！

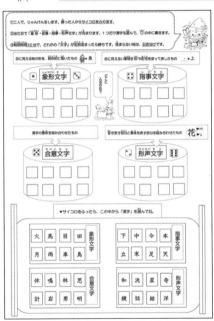

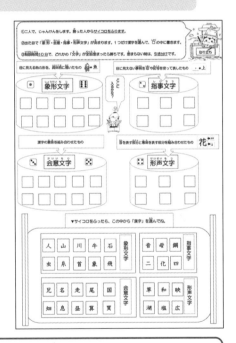

＼ ポイント ／

　日頃の漢字指導でも，漢字の成り立ちについてしっかり説明することが大切です。部首を調べると同時に仲間の漢字を調べることもします。

（福山　憲市）

内容別　短時間でパッとできる国語あそび　147

漢字

画数を意識し，熟語に慣れよう！

○画の漢字の熟語じゃんけん勝負

時間 **10分**

準備物 ●○画の漢字プリント

ねらい

じゃんけん勝負をしながら同じ画数の漢字やその漢字を使った熟語を集める活動を通して，漢字の画数や熟語を意識できるようになる。

対象

低
学年

中
学年

高
学年

1. やり方を理解する

今から「15画の漢字の熟語じゃんけん勝負」をします。この勝負は2人組で行います。まずは，相手とじゃんけんをします。勝った人は，四角のマスの中の熟語を1つ選んで読み，大きな漢字に○をします。また，空書きで大きな漢字の画数を確認してください。1人は赤色，もう1人は青色です。全部で16回じゃんけんをすることになりますが，○の多い方が勝ちです。もし8対8になったら，引き分けです。勝負が終わったら必ず「ありがとうございました」と言ってください。あいさつが大切です。

2. 練習を兼ねて教師と対戦する

まずは，先生と一緒にやってみましょう。じゃんけんしますよ。

勝ったから，1つ漢字を選ぼう！

3. 子ども同士で対戦する

では，2人組でやってみましょう。
まずは，赤・青のどちらで○をするか決めましょう。

勝った！「いちりん（一輪）」を選びます。
空書きすると…

丁寧に画数を確認していて，いいですね！
勝負が終わったら「ありがとうございました」と言い，終わった人
同士でまた対戦しましょう。

「15画」の漢字の熟語　じゃんけん勝負

課題	調理	線上	談相
横転	箱筆	熱発	選手
器用	億一	輪一	標目
賛成	質問	確実	縄沖

「15画」の漢字の熟語　じゃんけん勝負

課日	調体	線点	談話
横穴	箱根	熱心	選予
器楽	億兆	輪作	標本
賛絶	質本	確正	縄目

＼ プラスα ／

いろいろな画数を試すことができます。また，○年生の漢字，○へん
の漢字など，いろいろなじゃんけん勝負ができます。

（福山　憲市）

漢字に変換できるものを全部見つけよう！
漢字で書ける言葉探し

時間	10分	準備物	●教科書

ねらい

　身の回りには漢字に変換できる言葉がたくさんあることを知り，時の経過により書き表し方に変化があることを知る。

対象

低
学年

中
学年

高
学年

1. ルールを理解する

「注文の多い料理店」の最初の文を読んだよね。この最初の文の中に漢字で書こうと思ったら書くことができる言葉はどれだけあると思いますか？　５年生向けに漢字で書けるけどひらがなに直してあるところもありますし，宮沢賢治がわざとひらがなで書いているところもあります。では「ここは漢字で書ける」と思うところに線を引いて探してみよう。「漢字で書ける言葉探し」です！

2. 実際にやってみる

例えば「わかい」は「若い」って書けるから，線が引けるね。

「…した『とこ』」は「ところ（所）」になるんですか？

そうです。

3. 漢字になりそうな場所を発表する

さて，最初の1文の中で何か所線を引けたかな？　手をあげてもらいましょう。1か所？　2か所？　…9か所？　10か所？
一番多いのは10か所ですね。どこに線を引いたのか発表してもらいましょう。10か所の○○さん，全部発表してください。

「わかい」「しんし」「鉄ぽう」「くま」…

4. 正解を確認する

それでは正解を発表しますね。
「二人の<u>若</u>い<u>紳士</u>が，すっかり<u>英吉利</u>の兵隊の形をして，ぴかぴかする<u>鉄砲</u>を担いで，<u>白熊</u>の<u>様</u>な犬を二匹連れて，<u>大分山奥</u>の，木の葉のかさかさした<u>所</u>を，こんな<u>事</u>を言い<u>乍</u>ら，歩いて<u>居</u>りました」

え～っ，「イギリス」も！

「ながら」にも漢字があるの!?

今はひらがなで書くのが普通でも，昔は漢字で書くことが多かったという言葉もあります。

＼　プラスα　／

　自主学習や宿題とすると，国語辞典やインターネットを駆使して取り組める学習になります。

（広山　隆行）

漢字

約数になっている漢字を見つけよう！

漢字約分クイズ

 時間 **20分**

 準備物 ●国語辞典，漢字辞典

ねらい

　漢字約分クイズを通して，漢字には同じ字が多く使われていることに気づき，漢字のへんやつくりに注目する態度をはぐくむ。

対象

低
学年

中
学年

高
学年

1. ルールを理解する

今から「漢字約分クイズ」をします。今から提示する漢字は，分子と分母を共通の約数でわって簡単な分数にする約分のように，共通の漢字で約分されています。その共通の漢字を考えて，元の漢字を答えましょう。
では，例題1は「色／会」です。

え〜，約数に当たる漢字は何だろう…。

ヒントは「□色／□会」です。

わかった，□に入るのは糸。だから元の漢字は「絶／絵」だ！

正解です！
では，次は「亦／相」です。

わかった！ 消えている漢字は心で，元の漢字は「恋／想」だ。

 正解です！

 漢字の下が約分されている場合もあるんだね。

2. チーム対抗戦を行う

 続いて，3人1組のチームで勝負します。黒板に5問出題するので，3分以内にチームで問題を解いてください。答え合わせをして，何問できたかで勝負します。

3. チームで問題づくりを行う

 今度はチームで問題をつくり，初級，中級，上級の3種類に分けてください。問題ができたら，他チームと問題を出し合います。勝ち負けではなく，初級，中級，上級につくり分けられているか，答えがわからない難しい問題でも，答えを聞くと「あ～，そういうことね」と納得できる問題であるかを大切にしてください。

 よし，力を合わせていい問題をつくるぞ！

＼ ポイント ／

算数で約分の学習をした直後に取り組むのがおすすめです。また，問題づくりを行うとき，使う漢字は既習であることに囚われ過ぎず，国語辞典や漢字辞典を活用するよい機会としましょう。

（河邊　昌之）

どんな意味なのか予想し合おう！
創作漢字クイズ

時間 15分

準備物
●カード用の白紙
●国語辞典，漢字辞典

漢字を創作し，意味を予想し合う活動を通して，漢字に対する興味・関心を高める。

対象
低学年
中学年
高学年

1. ルールを理解する

今日ははじめに先生が考えた漢字の意味を当ててもらいます。
次に，みんなにも漢字をつくってもらい，友だちと出題し合ってもらいます。

2. 練習を兼ねてやってみる

では練習としてやってみましょう。
まずは，先生が考えた字を書きますよ。
（くさかんむりの下が「赤」という字を板書する）
これは何という漢字でしょうか？

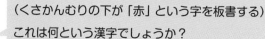
赤い花？

違います。でも惜しい。植物というか，野菜で赤いものです。

トマトですか？

正解です！　野菜なので，くさかんむりを使いました。
そして，トマトは赤いので，その下に「赤」をつけました。
このように，みんなも自分で漢字をつくってみましょう。

3. 各自で問題づくりをする

では，さっそくつくりましょう。難しいという人は，先生と同じように，くさかんむりの下に何か字を入れると，野菜や花を表すことができますよ。他にも「車」という字と何かを組み合わせると，いろいろな自動車が表せますね。本当の漢字があるよ，という場合も，新しい漢字を創作して構いません。新しい漢字ができたら，配ったカードの表に漢字を，裏に意味を書きましょう。

4. グループで問題を出し合う

では，班ごとに問題を出し合ってみましょう。
問題を書いたカードをお互いに交換しましょう。
班で見合ったら，他の班のカードも見に行きましょう。
おもしろいなと思った漢字を後で発表してもらいます。

> ＼　ポイント　／
>
> 　時間がとれないときは，産経新聞社等が主催している「創作漢字コンテスト」の入賞作などを使用するのもよいでしょう。またつくった作品でコンテストに応募すれば，子どもたちのやる気がアップします。

（瀧澤　真）

どんな意味なのか予想し合おう！
創作漢字熟語クイズ

 時間　15分

 準備物
●カード用の白紙
●国語辞典，漢字辞典

ねらい

　漢字の熟語を創作し，出題し合う活動を通して，漢字に対する興味・関心を高める。

対象

 低学年

 中学年

 高学年

1．ルールを理解する

 今日ははじめに，先生が考えた，漢字でつくった言葉の意味を当ててもらいます。次に，みんなにも言葉をつくってもらい，友だちと出題し合ってもらいます。

2．練習を兼ねてやってみる

では，やってみましょう。まずは，先生が考えた言葉を書きます。（「黒苦汁」と板書する）
さて，これは何を表しているでしょう？

わかった！　コーヒーですか？

正解です。苦くて黒い液体，コーヒーです。このように，カタカナで表すような言葉を，漢字だけで表してみてください。

3. 各自で問題づくりをする

では，つくり方を説明します。まずは漢字で表したい言葉を選びます。例えば，オムライスを選んだとします。そうしたら，オムライスの特徴を考えていきます。どんな特徴がありますか？

卵を使っています。あとはケチャップライス。
でも，これもカタカナ語になっちゃう…。

ケチャップはトマトからできているので，「赤い野菜ごはん」，そこで「赤野菜飯」でどうですか。合わせると，「赤野菜飯包卵」になります。言葉ができたら，配ったカードの表にその言葉を書きましょう。そして裏に意味を書きましょう。

> **うまくいくコツ**
> 文字数が多くなっても構わないので，辞書を活用しながら，対象の特徴をどんどん漢字で表させる。

4. グループで問題を出し合う

カードができたら班の中で交換して，問題に挑戦しましょう。
班で見合ったら，他の班のカードも見に行きましょう。
おもしろいなと思った問題を，後で発表してもらいます。

＼ ポイント ／

　会心の出来を求めるのではなく，「こんなものでいいのか」というくらいにハードルを下げて，たくさん問題をつくらせましょう。たくさんつくっているうちにコツがつかめてきます。

（瀧澤　真）

言葉をどんどんつなげていこう！

漢字しりとり

 時間 **15分**　 準備物　●国語辞典，漢字辞典

 ね ら い

漢字しりとりをつくる活動を通して，漢字の熟語への興味・関心を高める。

対象

低
学年

中
学年

高
学年

1.ルールを理解する

 今から「漢字のしりとり」をします。例えば，最初が「音読」だったら，次は「読」で始まる言葉を考えます。

 「読書」はどうですか？

 いいですね。では，次は「書」で始まる言葉を考えましょう。

 「書道」があります。

いいですね。
こうやって続けていくので，漢字しりとりといいます。
では，先生がつくった次の問題を解いてみてください。

 作□集□格

作 文 集 合 格です。

 いいですね，正解です！

2．各自で問題づくりをする

 では，今度はみんなで問題づくりをしましょう。
先生がやったように，しりとりをつくってください。

3．班で問題づくりをする

 では，班で問題を出し合いましょう。全員が発表し終えたら，代表者を決めてください。代表者は黒板に問題を書いてもらいます。

＼ ポイント ／
辞書を活用させ，習っていない漢字でも使用可能としましょう。

（瀧澤　真）

どんな意味なのか予想しよう！
難解漢字クイズ

時間 5分

準備物 なし

ねらい

難解な漢字の意味を想像する活動を通して，漢字に対する興味・関心を高める。

対象

低学年

中学年

高学年

1. ルールを理解する

今日はみんなに漢字王を目指してがんばってもらおうと思います。
難しい読みの問題を出しますから，意味を予想してください。

2. 問題に取り組む

では，第1問です。
この字はどんな意味でしょうか？
「土筆」

難しくてわかりません…。ヒントをください。

漢字は字の中にヒントがありますよ。
土と筆ですね。
春になると，土から出てくる筆みたいなものといえば…？

わかった！ つくしですか？

 そうです，正解！
では，次は「百足」です。これも同じように意味を考えよう。

 100個の足。足がたくさんあるってことか…。
わかった，ムカデです！

漢字

 正解です。
では，少し難しくしますよ。
「鯱」はどうですか？
右にあるのはどんな字ですか？

 トラです。

 そうだね。では，トラみたいな魚と言えば？

 サメ？

 シャチ？

 この字の正解は…，シャチです！

＼ ポイント ／

　日本の国字（和製漢字）は意味が予想できるものも多いので，このクイズに向いています。

（瀧澤　真）

正しく並べ替えよう！

ことわざバラバラクイズ

時間 5分

準備物 なし

ねらい

バラバラになった既知の格言やことわざを並べ替える活動を通して，集中力を高める。

対象

低学年

中学年

高学年

1.ルールを理解する

（黙って黒板に以下のように板書する）
「それがいわばま」
勘のいい人はもうわかったかな？

先生，わかりました！

えっ，どういうこと!?

「急がば回れ」です。

あぁ，そういうことか！　なるほど〜。

正解です！　ことわざがバラバラに並んでいます。
それを正しく並べ替えるクイズです。

2. 続けて取り組む

 では，次の問題です。「ぽつすきっとん」

 え～，なんだろう…？

 わかった！ 「月とすっぽん」だ。

格言・ことわざ

\ ポイント /

　ちょっとしたすきま時間にできるあそびです。子どもに問題をつくらせて，出題させるのもよいでしょう。

　挙手させるとすぐに答えがわかり，他の子どもが考える時間が短くなります。そこで，時間に余裕がある場合は，ノートに答えを書いて教師のところに持って来させるようにします。その際，「ピンポーン！」などと明るくリアクションするとより盛り上がります。

（駒井　康弘）

正しく並べ替えよう！
四字熟語バラバラクイズ

| 時間 | 5分 | 準備物 | なし |

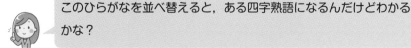

音を手がかりにして，四字熟語を組み立てる活動を通して，語彙の拡充を図る。

対象

低 学年

中 学年

高 学年

1. ルールを理解する

今から先生が黒板に書く文字をよく見ていてください。
（「いでんしんしん」と板書）
このひらがなを並べ替えると，ある四字熟語になるんだけどわかるかな？

はい！ 「いしんでんしん（以心伝心）」です。

よくわかったね。意味はわかりますか？
そう，言葉にしなくても，互いに心で通じ合うことだね。

2. 問題に取り組む

これからどんどん問題を出します。手をあげて早い者勝ちだとすぐ終わっちゃうから，わかった人は前に来て先生に耳打ちしてね。

では，問題です！
「うとうかんしゅしゅ」（1文字ずつゆっくり板書）

 ん～，わからない…。

 ヒント！　今の季節は？

 わかった！（前に出てきて耳打ち）

 ピンポーン！　正解です。

 （多くの子が正解したところで）正解は，「しゅんかしゅうとう（春夏秋冬）」でした！

格言・ことわざ

＼　ポイント　／

　だれでもわかるような簡単な四字熟語を出題するとよいでしょう。あまり難易度を上げ過ぎると，知識量が少ない子のモチベーションが下がります。正解が出にくい場合，最初の1文字や最後の1文字だけ示すなどのヒントを出してもよいでしょう。

（駒井　康弘）

ことわざをエアーで表現しよう！
ことわざジェスチャークイズ

| ⏰ 時間 | 5分 | 📝 準備物 | ●ことわざプリント |

ねらい

ことわざを体で表現したり，何を表現しているのかを当てたりする活動を通して，ことわざへの興味・関心を高める。

対象

低学年 中学年 高学年

1.ルールを理解する

今から「鬼」が出てくることわざとその意味が書かれたプリントを配ります（プリントに書かれているのは「鬼が出るか蛇が出るか」「鬼が笑う」「鬼の居ぬ間の洗濯」「鬼の首を取ったよう」「鬼に金棒」「鬼の目にも涙」「鬼も十八，番茶も出花」など）。
今日は，ものや文字は使わずに，ジェスチャーでこれらのことわざを表現してもらいます。先生に指名された人は，どれか１つを選んで表現してください。発してもよい言葉は「ポンポンポン」だけです。表現が終わったら，「以上です。わかった人？」と，みんなに問いかけてください。答える人はことわざの意味とそのことわざを言ってください。

2.全体でやってみる

では，○○さん，お願いします。

（「鬼に金棒」を演じる）以上です。わかった人？
では，△△さん，お願いします。

 強い者がさらに強さを加えること。「鬼に金棒」です。

 正解です！

3. グループでやってみる

 では，今度は班でやってみましょう。
1人が表現し，あとの3人は答えてください。
表現する人は順番に交替してね。

＼ プラスα ／

　グループで行う際，3分間でいくつのことわざを当てることができた
かを競うと盛り上がります。

（河邊　昌之）

正しいことわざは何か推理しよう！

間違いことわざ・穴あきことわざ

 時間 10分　 **準備物**　●タブレット端末

ねらい

正しいことわざの言葉を考える活動を通して，ことわざの知識を広げ，理解を深める。

対象

低学年

中学年

高学年

1 . 間違ったことわざを正しく直す

「尾を振る馬はたたかれず」（板書する）
このことわざには，実は間違った言葉が1か所使われています。
どこだと思いますか？　お隣の席の人と相談してみましょう。
意味も考えてください。

「尾を振る猫はたたかれず」だと思います。しっぽを振っている猫は警戒している状態なのでたたかれない。だから，油断してはいけない，という意味です。

よく考えられましたね。正しくは「尾を振る犬はたたかれず」です。素直な態度の人は，他の人から攻撃されたりしないという意味なんです。

では，第2問。「牛を羊に乗り換える」（板書する）

このことわざにも1か所間違いがあります。
さっきと同じように，直したら意味も考えましょう。

これは「牛を馬に乗り換える」だと思います。意味は，牛よりも馬の方が速いから，よりよいものを求めることだと思います。

その通り！　よくわかりましたね。

2.ことわざの空欄に入る言葉を考える

今度はことわざに穴が開いてしまいました。
「ねこを追うより（　　　　　）」（板書する）
（　　　　　）に入る言葉と，ことわざの意味を考えましょう。

「猫を追うよりねずみを追え」かな…？

正しくは「猫を追うより魚をのけよ」です。
問題の根っこにあることを改めよ，という意味です。
では最後に，タブレットでことわざを見つけて，穴あきことわざか間違いことわざの問題をつくって隣同士で出し合いましょう。

格言・ことわざ

＼　ポイント　／

　教師側からの出題をテンポよく進めると，子どもたちが集中して，楽しく活動することができます。

（小林　康宏）

元の熟語をアレンジしてつくろう！

オリジナル熟語発明会

 時間 15分　 **準備物**
- ●タブレット
- ●国語辞典

ねらい

オリジナル熟語づくりの活動を通して，熟語についての知識や語彙を広げる。

対象

低学年

中学年

高学年

1.ルールを理解する

 二字熟語や三字熟語，四字熟語があることを知っていますね。これらの熟語を少しアレンジして，オリジナル熟語を発明してみましょう。例えば，「失敗」に「無」を1字足して「無失敗」とすると，ノーミスで物事を行うこと，などの意味が出てきます。タブレットや国語辞典を使って熟語を調べてみて，こんなふうに自分なりにアレンジしてみましょう。

2.熟語を調べ，オリジナル熟語を考える

 では，実際にやってみましょう。

 先生，熟語って二字熟語と四字熟語のどちらでもいいんですか？

 はい。「雪月花」みたいに，三字熟語でもいいですよ。

3. 発明した熟語をペアで交流する

では，隣同士のペアで交流してみましょう。
つくった熟語の意味も説明してね。

ぼくが考えたのは，「十騎当万」です。
もともとは「一騎当千」っていう四字熟語で，1人で1000人もの敵を相手にできるくらいすごい兵という意味です。その兵が10人いたら，1000人の10倍の1万人の敵を相手にできるんじゃないかなって考えました。

なるほど〜，論理的でおもしろい！
私が考えたのは「二石二鳥」です。

どういう意味ですか？

もともとは「一石二鳥」って四字熟語で，1つの行為で2つの利益を得るって意味です。でも，そんなに都合のいいことって現実にはなかなかないから，2つのものを得たいときは，2つの手を打ちましょう，って意味です。

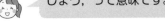

なるほど〜。堅実な○○さんらしい四字熟語だね。

> ＼ プラスα ／
> 子どもが考えたオリジナル熟語の意味をクイズ形式で予想し，答えを伝え合う場を設定すると，さらに盛り上がります。

（藤原　隆博）

格言・ことわざ

おもしろクイズをつくろう！
絶対正解ことわざ３択クイズ

 時間 5分

 準備物 なし

ねらい

絶対に間違えないようなことわざのクイズをつくり，出題し合う活動を通して，ことわざに慣れ親しむ。

対象
低学年
中学年
高学年

1. ルールを理解する

 ことわざって知っているよね？　ことわざを勉強するために「ことわざ３択クイズ」をつくって，しばらく授業のはじめにみんなに出題してもらいます。ただし，ことわざを覚えることが大切なので，全員が絶対に正解できるような問題をつくってくださいね。

2. 例題を確認する

 今日は先生がつくった問題を出しますね。
「価値のあるものでも，価値がわからない人にあげたら意味がない，ということわざを『猫に何』というでしょう。
①ねこに大判　②ねこに小判　③ねこにご飯」
それじゃあ，指で①か②か③か教えてね。せーのっ！

 簡単だよ，②でしょ！　ほら，全員②だよ！

3. 子どもが出題する（後日）

 今日は，授業のはじめに「ことわざ３択クイズ」を出してもらいます。それでは，○○さんと□□さんに出してもらいましょう。

 問題です。
「予想もしなかった幸運が突然やってくることを，『棚から何』というでしょう。
①棚からぼたもち　②棚からだんご　③棚から目薬」
決めましたか？　せーの！

 ①！

 正解は…，①です！　全員正解おめでとうございます！

 上手に問題をつくったね。③はいい選択肢だね。
目薬が使われていることわざも紹介してくれるかな。

 「二階から目薬」です！

 そうだね。他のことわざも考えてクイズをつくってくれたんだね。
明日も授業の最初にやってみましょう。

＼ ポイント ／

　選択肢は，全員が正解することを前提にしているので，笑ってもらえるものや答えとなる言葉を少し変えたものにします。

（広山　隆行）

先生が読む場面に合うことわざを見つけよう!

場面deことわざ

時間 **10分**

準備物 なし

ねらい

　具体的な場面に当てはまることわざを考える活動を通して,ことわざへの親しみや理解を深める。

対象

低学年

中学年

高学年

1.ルールを理解する

みんなは教科書に書いてあることわざも,書いていないことわざも学習してきましたね。今から先生がある場面のお話をします。その場面にぴったりのことわざを考えてほしいのです。ぴったりのことわざがわかったところで,「はい!」と声を出して,手をあげてください。チャンスは,1人1回です。

2.練習を兼ねてやってみる

では,実際にやってみましょう。「いつも給食の盛りつけを完ぺきにやっている人がいました。でも,あるとき,どうしたことか…」

はい,わかった! 「猿も木から落ちる」

どうしてわかったんですか?

「完ぺき」という言葉と，「でも，どうしたことか」で，名人も失敗するってやつかなと思いました。

正解！　推理力もすばらしいね。

3. 続けて挑戦する

では，次です。「おばあちゃんが昔から使っていた習字道具。古くて嫌だなと思っていたけれど，それを学校に持って行ったら，書写の先生がぼくの習字道具を見て，『なんと！　これは…』」

わかった！　「猫に小判」じゃないかな？

＼ プラスα ／

　場面の語りも子どもたちに考えてもらうとより盛り上がります。個人で考えるのが難しければ，グループで考え，グループ対抗でやってみてもよいでしょう。

（大野　睦仁）

格言・ことわざ

オンリーワンの名言を生み出そう！

私たちの格言

| ⏰ 時間 | 20分 | 📝 準備物 | なし |

ねらい

格言の一部を変えて，オリジナルの格言をつくる活動を通して，自分にとって大切なことや自分の在り方を考える。

対象

 低 学年

中 学年

高 学年

1．ルールを理解する

「心訓七則」と呼ばれる格言があります。福沢諭吉が著したものとして広まったのですが，実際は作者不明で，昭和30年代ごろから広まったそうです。この「心訓七則」には，人が生きていくうえでの教訓が文字通り7つ書かれています。その中の一番最初の教訓が次のようなものです。「世の中で一番楽しく立派なことは一生涯を貫く仕事をもつことである」（板書する）

みんなはまだ仕事をもったことがないからピンとこないよね？

そこで，今日は「一生涯を貫く仕事をもつこと」の部分を変えて，自分なりの格言を考えてもらいます。

2．自分の格言を考える

「世の中で一番楽しく立派なことは（　　　　）である」

みんななら，（　　　　）の中にどんなことを入れるかな？

わ～，なんだか難しそう…。
どんなことだろう？

「楽しく立派なこと」だから，楽しいだけでも立派なだけでもダメなんだね。

すばらしい！　すごくいいところに目をつけたね。

私なら「自分の考えを友だちと伝え合うこと」かな。

3. できた格言を交流する

では，つくった格言を友だちと交流してみましょう。

私は「自分の得意なことで人の役に立つこと」です。

すごい！　いい格言だね。
確かに，得意なことなら楽しいし，人の役に立てたら立派だよね。

＼　プラスα　／

　一部を変えることでオリジナルの格言がつくりやすいものとしては，他に以下のような言葉があります。

● 「人生という試合で最も重要なのは休けい時間の得点である」（ナポレオン）

● 「『できること』が増えるより，『楽しめること』が増えるのがいい人生」（斎藤茂太）

（江口　浩平）

優劣ではなく役割で順番を考えよう！

格言の打順

時間 | 20分

準備物 | ●事前に格言を書いたカード

ねらい

格言の打順を考える活動を通して，格言の意味やもつ力を理解するとともに，目的や役割，状況に応じた言葉を選ぶ力を高める。

対象

低
学年

中
学年

高
学年

1.格言を集める（事前学習）

インターネットや偉人事典，伝記などを基に，「辛いときに元気が出る格言」を集めてください。見つけた格言は1枚のカードに1つ書き，提出してください。

2.ルールを理解する

みんなが集めた格言を一覧にしました。この中から，特に心に響く9つを選び，順番を決めましょう。並べるとき，野球の打順を意識してください。えっ，野球の打順なんて知らない？　では説明します。1番は当てに行きます。だから，格言の中でもより多くの人がなるほどと思うものを選びます。…4番はホームランねらい。最も心に強く響く，強力な格言をここに入れます。5番は…（続ける）

単純によさそうなものを選ぶんじゃないから難しいなぁ…。

3. グループごとに打順を決める

 まずは4番から決めようか。このイチローの言葉はどう？

 やる気は出るけど，辛いときなら優しい言葉の方がいいかな。
松下幸之助さんの言葉を4番にして，イチローは5番にしたら？

 いいね。じゃあ1番にはみんな大好きエジソンの言葉を…。

 エジソンと同じぐらい有名な手塚治虫の言葉も1番に合うんじゃない？　短くてみんなの心に響くと思うよ。

今，上位打線はこんな感じだよ。
1番「人を信じよ，しかし，その百倍も自らを信じよ」手塚治虫
2番「私は失敗したことがない。ただ，1万通りの，うまくいかない方法を見つけただけだ」トーマス・エジソン
3番
4番「万策尽きたと思うな。自ら断崖絶壁の淵に立て。そのときはじめて新たなる風は必ず吹く」松下幸之助
5番「壁というのは，できる人にしかやってこない。超えられる可能性がある人にしかやってこない。だから，壁があるときはチャンスだと思っている」イチロー

\　ポイント　/

野球における打順の厳密な役割を求める必要はありません。9つの格言の畳み掛ける力を感じ，なぜその打順に置いたのか説明させましょう。

（宍戸　寛昌）

今日にぴったりの名言を集めよう！

名言日めくりカレンダーづくり

| 時間 | 20分 | 準備物 | ●日めくりカレンダー用紙
●タブレット，偉人事典，伝記 |

ねらい

　1日1日に合う格言・名言を集める活動を通して，他者を力づける言葉の役割に気づく。

対象

低 学年

中 学年

高 学年

1．ルールを理解する

> 月曜日の1時間目は，なかなか元気が出ませんよね。おまけに今日は雨。そこで，私から元気が出る名言をプレゼントします。「虹を見たければ，雨はがまんしなくちゃね」
> これはアメリカの歌手，ドリー・パートンさんという方の言葉です。このように，その日にぴったり合った格言や名言を聞くと，毎日が明るく元気になります。そこで，みんなも365日それぞれの日に合った名言を見つけてみましょう。
> まずは，みんなの誕生日に合いそうな名言を，インターネットや偉人事典，伝記などで探してみてください。

> 私の誕生日は建国記念日なんだ。国に関する名言ってあるかな？有名な大統領の言葉とか。あっ，ワシントンのこの言葉，私は好きだな。「人の話の腰を折ってはいけない。人の話題を横取りしてもいけない」

それ，シンプルだけど大事なことだよね。ぼくの誕生日は特に記念日ではないけれど，テストに近いから，勉強をがんばれるような言葉を探そう。

…こんなのを見つけた。すごい言葉だな。「だれよりも３倍，４倍，５倍勉強する者，それが天才だ」（野口英世）

 では，重なっている日がないかだけ確認して，OK だったら，日めくりカレンダーの用紙に日付とその名言，書いた人の名前を記してください。４月１日に始まり，３月31日に終わるように，残りの日はみんなで分担して，名言日めくりカレンダーをつくろう！

人の話の腰を折ってはいけない。人の話題を横取りしてもいけない。

それって大事だよね。

＼ ポイント ／

　年度が始まる４月や各学期の最初につくると，実際にカレンダーとして機能します。６年生なら，卒業までの残り日数と合わせるのもおもしろいでしょう。

（宍戸　寛昌）

新しい名言をつくろう！

パロディ名言

| 時間 | 10分 | 準備物 | なし |

ねらい

ことわざや古事成語，名言，格言などをパロディする活動を通して，様々な言葉に触れ，自他の考えのよさを見いだす。

対象

低 学年

中 学年

高 学年

1. ルールを理解する

 「ねみみにみみず」（ひらがなで板書する）
この言葉を知っていますか？

 先生，書き間違いがあるよ。「寝耳にミミズ」になってる！

 寝耳に「水」は「思いがけない出来事が起こって驚く」という意味のことわざだけど，「ミミズ」だと耳に水がかかったどころじゃないよ。ものすごくびっくりしちゃうね。

 確かに「寝耳にミミズ」なんて，ものすごく驚いてしまうね。この学級だけの，新しいことわざが生まれました。

 ちょっと言葉が変わっただけなのに，想像するイメージも意味も変わってしまうね。

182

そうですね。今日は，みんなが知っていることわざなどをちょっと変えて，この学級だけの「パロディ名言」をつくってみよう。

2. 練習を兼ねてやってみる

では，実際にやってみましょう。「一寸先は闇」ということわざがあります。「少し先のことでも，何が起こるかわからない」という意味です。これをパロディしてみましょう。

「一寸先は海」というのを考えたよ。
目の前が海岸で，すぐに海で遊べるという意味だよ。

「一寸先は寒い」。冬は一歩でも外に出ると寒いってことだよ。

3. 自分で選んだことわざなどをパロディする

では，自分でことわざなどを選んでパロディしてみましょう。

時間を長く感じることを表す四字熟語「一日千秋」を「一日千周」にしたよ。「グラウンド千周するくらい長い距離」って意味だよ。

時間の長さを距離の長さに変えたんだね。おもしろいね！

> ＼ ポイント ／
>
> パロディを楽しむ言葉あそびです。友だちのアイデアを肯定的に捉え，考えのおもしろさや表現の巧みさを認め合うように支援します。

（井上　幸信）

日記，作文を素敵な詩に変身させよう！

日記，作文から詩作

 時間　20分

 準備物　●詩に書き換えたい日記や作文

ねらい

　日記，作文を詩に書き換える活動を通して，反復，体言止め，擬人法等を活用する力を高める。

対象

低 学年

中 学年

高 学年

1.ルールを理解する

みんな，昨日書いた日記が手元にありますね。今日はこれを詩に変身させてみましょう。
まず，この日記を詩に変身させてみます。
「今日，お兄ちゃんとサイクリングをしました。紀の平川のていぼうでサイクリングをしました。黄色い花がさいていました。風が気持ちよかったです」（板書する）

詩に変身させると，こんなふうになります。
「お兄ちゃんとサイクリング　紀の平川のていぼうでサイクリング　黄色い花がおどっている　風がひんやり，ほっぺに当たる」（板書する）
どんな工夫がしてあるかな？

「…しました」はなくなって，「サイクリング」で終わっています。

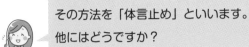

そうですね。
その方法を「体言止め」といいます。
他にはどうですか？

「サイクリング」って言葉は，２回繰り返して出てきます。

そうですね。その表現の工夫を「反復」といいます。
リズムがよくなった感じがしませんか？

確かに！

他に気がついたことがありますか？

花を人の動きのように書いています。

いいね！　ものを人のように例える工夫を「擬人法」といいます。
では，今のような工夫を取り入れて，みんなも書いてみましょう。

2. お互いが書いたものを読み合う

完成したら，お隣の席の人と読み合いましょう。そのときに，はじめに書いた日記もあわせて読み合い，感想を伝えましょう。

＼ プラスα ／

　日記の宿題を出す際に，今回指導した表現の工夫を使って，詩の形式で書かせると，表現力が一層伸びていきます。

（小林　康宏）

詩・短歌・俳句

みんなでみんなの詩をつくろう！
五感を使ってみんなで創作

| 🕐 時間 | 20分 | 📝 準備物 | なし |

ねらい

出来事を五感を使って捉え，表現することを協力して行う活動を通して，互いの感性を刺激し合いながら表現する楽しさを味わう。

対象

低 学年

中 学年

高 学年

1．ルールを理解する

昨日遠足に行ったよね。そこで今日は，遠足で見たことや感じたことを詩にしてみよう。みんなで協力して五感を働かせてつくります。ところで，五感って何だっけ？

視覚，聴覚…

触覚，嗅覚…，あと1つなんだっけ？

味覚！

そうだね。難しく考えないで，五感，つまり目，耳，手，鼻，舌を使って感じたことを思い出して言葉にするだけでいいんだよ。

> **うまくいくコツ**
> 学年に応じて，目だけに限定するなどの配慮を行う。

例えば，こんなふうになります。

目…まぶしいお日様　　　耳…葉っぱがサワサワ

手…落ち葉がガサガサ　　鼻…お花のにおい　　　舌…母の弁当

2. 各自で五感を働かせてアイデアを練る

では，先生の真似をして，目，耳，手，鼻，舌ごとに思いついたことを書いてください。できたらそれらを発表してもらいながら，みんなでみんなの詩をつくっていきましょう。

わ〜，楽しみ！

\ ポイント /

　はじめは子どもたちがあげた言葉を教師がまとめながら詩をつくっていきます。慣れてきたら，各自で考えさせてもよいでしょう。また，「卒業」など少し抽象的なタイトルをお題として与えると，レベルがぐんと上がり，卒業間近の6年生でも楽しめます。

（駒井　康弘）

空欄にどんな言葉が入るか予想しよう！

どんな言葉が入るかな？（詩Ver.）

 時間 10分　 **準備物** なし

ねらい

空欄を予想する活動を通して，詩の内容を読み深める。

対象

低 学年

中 学年

高 学年

1.ルールを理解する

> 今日は，詩のクイズをします。
> （　　）にどんな言葉が入るか，予想してください。
>
> 雨にもまけず
> （　　）にもまけず
> （　　）にも夏の（　　）にもまけぬ
> 丈夫なからだをもち
> 欲はなく
> 決していからず
> いつも（　　　　　　　）
>
> これは宮沢賢治という人の，「雨ニモマケズ」という詩です。
> （　　）には，それぞれどんな言葉が入るのかな？

 難しいのでヒントをください…。

そうですね。「雨にもまけず」の後にくるのは，それと似たような言葉です。雨とセットになっているものです。「夏の」の後にくるのは簡単ですね。

暑さですか？

そうです！　すると，その前は暑さの反対のことがきますよ。「いつも」のあとには「しづ（ず）かに」がきます。静かにどうしているのでしょうか。その前の一文にヒントがあるよ。

では，正解を発表していきます。
雨にもまけず
（風）にもまけず
（雪）にも夏の（暑さ）にもまけぬ
丈夫なからだをもち
欲はなく
決していからず
いつも（しづかにわらっている）

他にも問題を用意しているので，みんなで考えていきましょう。

＼ プラスα ／

　工藤直子さんの「のはらうた」は，いろいろなものになりきって書かれているので，題名を空欄にして，それを当てるクイズに取り組むと楽しめます。詩集を与えて子どもにクイズをつくらせるのもおすすめです。

（瀧澤　真）

詩・短歌・俳句

空欄にどんな言葉が入るか予想しよう！

どんな言葉が入るかな？（俳句Ver.）

🕐 **時間** 10分　📝 **準備物** なし

ねらい

空欄を予想する活動を通して，俳句の内容を読み深める。

対象 低学年 中学年 高学年

1. ルールを理解する

 今日は，俳句のクイズをします。
空欄にどんな言葉が入るか，予想してください。
（　　　）蛙　負けるな一茶　これにあり
これは小林一茶という人がつくった俳句です。
（　　　）には，どんな言葉が入るでしょうか？

 何かヒントをください！

 そうですね。
俳句なので，何文字入るかはわかりますよね？

 蛙は3文字だから，5－3で2文字です。

 そう，2文字。そして，負けるなと応援していますね。
みんなはどんな蛙だと応援したくなるかな？

弱い蛙。

 そうそう。そんな意味の2文字です。
あまり使わない言い方なので，正解
を発表しますね。
痩せた蛙，「痩せ蛙」です。

では，次の問題を出します。
それがしは（　　　）にて候　雀殿
これは夏目漱石という人の俳句です。空欄に何が入るでしょう？
「それがしは」というのは，「私は」，「にて候」というのは「…です
よ」という意味です。雀に対して「私は…ですよ」と言っているの
ですね。
難しいので，今度は選択肢を出します。
①猟師　　②かかし　　③お米
さて，どれでしょう？

 正解は，②です。雀に「殿」とつけているのは，雀がちっとも怖が
らないからですね。雀さん，私は雀よけのかかしなんですけど…，
という意味ですね。

 他にも問題を用意してあるので，みんなで考えていきましょう。

＼ プラスα ／

　現代俳句だと中学年でもわかりやすい問題をつくることができます。
また，短歌でも同様の活動ができます。

（瀧澤　真）

詩・短歌・俳句

17文字から想像を広げよう！

俳句を作文に

🕐 時間	10分	
📝 準備物	なし	

ねらい

俳句を作文に変換する活動を通して，句に描かれた世界を具体的に想像する力をはぐくむ。

対象

低 学年

中 学年

高 学年

1. ルールを理解する

 今から「俳句を作文に」をします。
「名月や　池をめぐりて　夜もすがら」を，語り手の気持ちになって作文にしてみましょう。短くていいですよ。

 「私は，きれいな月を見て，夜中，池のまわりを歩きました」
こんなふうに書いてみました。

 よくできました。これくらいの長さでよいので，俳句を短い作文にしてみましょう。それから，俳句を読んで想像する内容は自分なりのもので構いません。

 （3分程度経ったら）では，お隣同士で紹介し合いましょう。

 どんなふうに書いた…？

2. 好きな俳句を選んで作文に変換する

今度は黒板に３つ俳句を書きます。その中から作文にしやすいと自分が思う句を１つ選んで，作文にしてみましょう。
「閑さや　岩にしみいる　蝉の声」
「いわし雲　大いなる瀬を　さかのぼる」
「雀の子　そこのけそこのけ　お馬が通る」

私は楽しい感じの「雀の子…」にしよう。

ぼくはスケールが大きい感じが気に入ったので，「いわし雲…」にしよう。

蝉の声がしているのにしずかというのは不思議だから「閑さや…」に挑戦しよう。

3. 書いた作文を読み合う

同じ俳句を選んだ人同士でペアになります。そうしたら作文にしたものを読み合いましょう。
自分が考えたことと比べて聞いて，考えが違っていたら説明し合い，お互いの考え方を参考にしましょう。

＼ プラスα ／

同じ句を選んだ人同士の交流の後は，違う句を選んだ人同士で交流させると，さらに俳句の読み方を広げ合うことができます。

（小林　康宏）

おかしいところを見つけよう！

短歌・俳句間違い探し

| ⏱ 時間 | 10分 | 📝 準備物 | なし |

ねらい

正しい作品と間違いがある作品を比較し，間違いを直す活動を通して，短歌や俳句の言葉一つひとつを意識する態度をはぐくむ。

対象

低学年

中学年

高学年

1. ルールを理解する

今から有名な俳句を1つ黒板に貼ります。
（「雪とけて　村いっぱいの　子どもかな」）
では，もう1つ俳句を貼りますね。
（「雨とけて　林いっぱいの　子どもかも」）
先の俳句と3つ違うところがあります。気がつきましたか？　友だちと確認していいですよ。何度も読んで確かめてくださいね。3つ気がついた人は，よく俳句を読んでいる人です。これは，間違いを探し，気がつく学びです。

では，今度は短歌を貼ります。間違いを見つけてね。

あっ，見つけました！　友だちと確認します。

さすがです！　友だちと確かめ合うことが大切です。

2. 各自で短歌・俳句間違い探しを行う

今度は，1人で挑戦です。今から，間違いのある短歌・俳句と正しい短歌・俳句が両方書かれたプリントを配ります。落ち着いてよく見比べて，間違いを見つけてね。制限時間は10分です。10分で全部正しく書き直すことができたらすごいです。

あっ，ここに間違いがあった！　×をして，正しく書き直そう。

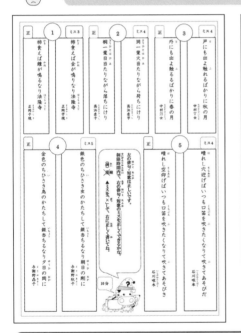

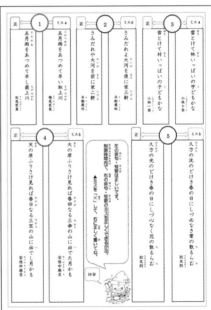

＼ プラスα ／

間違いのある短歌・俳句だけ提示し，正しい作品はタブレット等で子どもが調べて間違いを直すという方法もあります。

（福山　憲市）

友だちの俳句とつなげて自分の俳句をつくろう！

俳句しりとり

時間	10分

準備物 | ●ミニホワイトボード |

ねらい

友だちの俳句の下五を上五とした俳句を考える活動を通して，言葉から豊かに想像を広げたり，表現を工夫したりする力を高める。

対象

低
学年

中
学年

高
学年

1.ルールを理解する

みんなは「俳句」を知っていますね。「5・7・5」でできている短い詩のことです。今日は，この俳句でしりとりをして遊びます。例えば「古池や／蛙飛び込む／水の音」という，松尾芭蕉の有名な俳句があります。この俳句からしりとりをしてみましょう。次の人は，最後の5音「水の音」を最初の5音に使って，「水の音／元気に響く／川遊び」のように，新しい俳句を考えます。

2.練習を兼ねてやってみる

班でやってみましょう。最初の俳句は，同じく松尾芭蕉の「閑さや／岩にしみ入る／蝉の声」です。最初の人は「蝉の声」から始まる俳句を考えますよ。

「蝉の声／窓から聞こえる／夏の朝」なんてどうかな？

いいね！　次の人は「夏の朝」から始まる俳句を考えましょう。
考えたしりとりは，ホワイトボードに書いておいてくださいね。
後でみんなで見せ合いますよ。

「夏の朝」で始まる俳句か，難しいな…。

夏の朝の出来事を考えれば思い浮かぶんじゃない？
夏の朝といったら，ラジオ体操だよね！

そうか…，「夏の朝／ラジオ体操／目が覚める」にしよう！

いいね！　じゃあ，私は…。

タイムアップです！　各班のしりとりを見てみましょう。

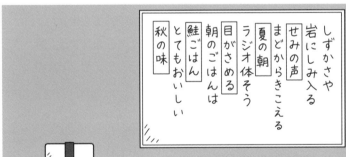

\ ポイント /

　言葉から想像を広げたり，音律や表現を工夫したりすることを重視します。言葉選びや音数の調整で試行錯誤する姿を大切にしましょう。

（井上　幸信）

心に残ったことを31音で表そう！

行事短歌

| 時間 | 20分 | 準備物 | ●白紙（A4）とペン |

行事で心に残った場面を短歌で書き表し，作品を読み合う活動を通して，行事を振り返り，仲間意識を高める。

対象

低学年

中学年

高学年

1．ルールを理解する

 昨日の運動会は感動的な場面がたくさんあったね。みんなで選手を応援し，応援された選手も全力でがんばった。その結果，思った以上の結果が出た。きっとそれぞれ印象に残った場面がありますね。今日はその感動を，作文ではなく短歌で書き表してみましょう。短歌は31音です。俳句と違って季語はいらないから，思い思いの言葉で表してみましょう。

2．モデルを見る

 例えば，こんな感じ。
「全力で　走る仲間の　額に光る　汗一筋に　声援届け」
少しくらい字余りになっても OK です。

 先生さすが！

いやぁ～，それほどでも。

3. 各自で短歌をつくる

では，用紙とペンを配ります。
ペンを使って，この紙いっぱいに大きな字で書いてください。

（思い思いに書いていく）

できた人から黒板に貼って
いきましょう！

> **うまくいくコツ**
> 全部同じでなければ，部分的に人の
> 作品を真似ても OK とする。

詩・短歌・俳句

> \ ポイント /
>
> はじめて行うときは多少時間を要しますが，繰り返し行うことによっ
> て，抵抗感がなくなっていきます。

（駒井　康弘）

短歌を楽しみ，親しもう！

「〇〇は〜とき」即興短歌

 時間 15分　 準備物 なし

ねらい

全員で同じ「〇〇は〜とき」の形の短歌をつくり，交流する活動を通して，短歌を楽しみ，親しむ。

対象
低学年

中学年

高学年

1.ルールを理解する

> 短歌は，「五・七・五・七・七」の31音で表現される短い詩です。今日はこのリズムにのせて，最初の句を「〇〇は」の形で，最後の句を「〜とき」の形で終わるようにして短歌をつくります。最初の句は，「たのしみは」「かなしみは」「よろこびは」「くやしさは」「おどろきは」などの感情を表す言葉を選びます。
> では，先生が最初の句を言いますので，その続きを考えてください。制限時間は５分です。その後，グループでおすすめの短歌を決めていきます。

2.短歌をつくり，グループで代表作品を決める

> では，実際にやってみましょう。「たのしみは」

> （黙々と短歌を書いていく）

5分経ちました。グループで短歌を発表し合って，グループの代表作品を決めてください。3分で決めましょう。

　○○さんの短歌は，○○さんらしい優しさが伝わってきていいなと思いました。

　○○くんのオノマトペの表現がおもしろいから，代表作品にしたいです。

3. 各グループの代表作品を発表し合う

　では，各グループの代表作品を発表してもらいます。

　「たのしみは　一年生と　昼休み　わきあいあいと　おしゃべりするとき」

　「たのしみは　家でゴロゴロ　スナックを　パリパリムシャムシャ　食べているとき」

　その気持ち先生もすごくわかる！　各グループの選ばれた人に拍手！

> **うまくいくコツ**
> 短歌に共感し，楽しい雰囲気になるように盛り上げていく。

＼　ポイント　／

　光村図書教科書（6年）「言葉を選んで，短歌を作ろう　たのしみは」の単元の発展的な位置づけの活動です。他の教科書を使用している学校でも短歌の単元終了後に行うとよいでしょう。

（佐藤　司）

詩・短歌・俳句

説明文から見出し語を当てよう！
逆引きゲーム

 時間　10分　 準備物　●国語辞典

　国語辞典の見出し語の説明文から見出し語を当てる活動を通して，語彙を広げる。

対象
低 学年
中 学年
高 学年

1.ルールを理解する

先生が国語辞典の，ある見出し語の説明文を読みます。
その見出し語を当てるゲームです。
わかったら手をあげてください。
だれが早く正解できるか競争です。

2.練習を兼ねてやってみる

じゃあ，試しにやってみます。
読みますよ。「土地が高く盛り上がっているところ」

う～ん，何だろう…

では，続いてヒントを出します。
「高く盛り上がったもの」「物事の一番大変なところ」

202

わかった，「山」です！

 ピンポーン，正解です！

 やったぁ！

3.国語辞典で確かめる

 では，実際に国語辞典を引いて確かめてみましょう。

 あっ，あった。
確かに，3つ説明が書いてある！

4.数問連続して挑戦する

 では，次の問題行くよ。…

 「○○」です。

 ピンポーン，正解です！

> **うまくいくコツ**
> 正解したら，「ピンポーン」と笑顔で言い，テンポよく進めていく。

＼ プラスα ／

　慣れてきたら，教師の代わりに子どもが前に出て問題を出すのもよいでしょう。子どもの意欲を引き出す活動になります。

（駒井　康弘）

説明文から見出し語を当てる問題をつくろう！

逆引きゲーム（問題づくりVer.）

時間 **15分**

準備物 ●国語辞典

ねらい

逆引きゲームの問題づくりや問題を出題し合うことを通して，言葉の表現方法の豊かさを知り，語彙を広げる。

対象

低 学年

中 学年

高 学年

1. ルールを理解する

 国語辞典を使うとき，いつもは言葉を探して，書いてある意味の説明を読むよね。今日は，その逆に，国語辞典に書いてある意味の説明から言葉を当てるクイズをみんなにつくってもらいます。

 なんだかおもしろそう！

2. グループで問題づくりに取り組む

 では，班で取り組みましょう。
まずは，どんな言葉にするとよいのか相談してみましょう。

 いろんな意味のある言葉がよさそうだよね。

 説明にその言葉とほとんど同じ言葉が出てきたらダメだ…。

3. 問題を出し合う

 では，各グループでつくった問題を出し合ってみましょう。
まずは１班からお願いします。わかった人は挙手してください。

 「北を向いたとき，東にあたる方」

 えっ，なんだろう？　わからない…。

 お〜，手があがらないですね。では，次のヒントをお願いします。

 はい。「人の体で，心臓がない側」

 あっ，わかった。はい！

 では，○○さん，１班さんのところに行き，答えをこっそり言って
ください。

 （耳打ちしながら）右！

 正解です！　意外と簡単だったでしょ？

＼ ポイント ／

　ある程度時間に余裕があれば，挙手してすぐに答えを言うのではなく，
こっそり出題者に伝えさせた方が，より多くの子どもが楽しめます。

（広山　隆行）

辞書

クラスで一番の辞書引きマスターになろう！

逆引きゲーム（グランプリVer.）

| 時間 | 15分 | 準備物 | ●国語辞典 |

ねらい

言葉に対する興味をもつとともに，進んで新しい言葉を使えるように
しようとする態度を育む。

対象

低
学年

中
学年

高
学年

1.ルールを理解する

漫才の日本一を決める「M－1グランプリ」って知っているかな？
今日はクラスで「J－1グランプリ」を開催しようと思います！
Jは何かというと，みんなが1学期からやっている「辞書引き」の
Jです。ルールは簡単。先生がある言葉の説明を読み上げます。何
の言葉の説明かわかったら，自分の国語辞典でその言葉を調べて見
つけます。見つけた人は立ちましょう。一番早く立った人が1ポイ
ント。最初に3ポイントに到達した人が，初代チャンピオンです！

2.ゲームを行う

では，第1問。4つ意味があります。

1 勉強する。学問をする。

2 教えを受けたり見習ったりして，知識や技芸を身につける。

3 経験することによって…

はい！

 ○○さん，早い！　答えは何ですか？

 「学ぶ」です。

 正解です。○○さんに１ポイント！
では，次の問題は○○さんから出題してもらいます。
問題をつくる時間をしばらくとりますね。

3 . だれかが３ポイントになるまで続ける

 初代グランプリは□□さんでした！　みんな大きな拍手！

> ＼ ポイント ／
>
> 同じ子どもが連続で正解しないように，正解者に出題させるようにすると，より多くの子どもにチャンスができて楽しめます。

（江口　浩平）

指定された言葉を素早く見つけよう！

辞書早引きゲーム

 時間　**5分**

 準備物　●国語辞典

ねらい

教師の指定した言葉を早く辞書で引くを競争を通して，辞書に慣れ親しみ，素早く引く力を高める。

対象

低
学年

中
学年

高
学年

1.ルールを理解する

今から先生が黒板に書く言葉を辞書で引いてもらいます。引けたら，「はい」と大きな声で手をあげてください。最も早く引くことができた人には，先生が「1番」といいます。次に手をあげた人には，「2番」といいます。そうやって，10番の人まで手をあげたら，番号を伝えるのはやめます。でも，先生の書いた言葉は引いてくださいね。もし言葉がどこに載っているのかわからなかったら，隣の人にどこにあるのか聞いてもいいですよ。

2.練習を兼ねてやってみる

では，実際にやってみましょう。
「あか」！（「赤」と板書する）

はい！

早い！ 1番。

（以下，2番，3番，4番…）

3. いろいろな言葉をどんどん引いていく

何か質問はありますか？

言葉を引いたらどうしますか？

うまくいくコツ
赤線を引いたり，音読したり
することで，引くのが遅い子
を待つ時間調整にする。

引いた言葉に赤線を引き，意味が書いてあるところを小さな声で音読しましょう。

では，問題を出していきます。今度は点数をつけます。1番の人は10点，2番の人は9点，3番は8点，4番は7点…，10番は1点入ります。10番より後の人も，言葉を引けたら1点入りますよ。

（「秋（あき）」「悪（あく）」「朝（あさ）」…と，テンポよく問題を出していく）

＼ ポイント ／

　辞書の導入段階では，簡単な言葉から引かせましょう。例えば，「あ」から始まる言葉をいくつか引かせると，おおよその見当をつけて辞書を引くようになります。

　一度に長い時間をとるのではなく，次の日には「い」から始まる言葉，その次の日は「う」から…と，あいうえお順にやっていくと，ゲームをしながら自然に辞書の使い方が身につきます。

（瀧澤　真）

開いたページの言葉を使って作文を書こう！

辞書ページ作文

時間 **20分**

準備物
●国語辞典
●作文用紙

ねらい

辞書に書いてある言葉を使って，作文を書くことで，辞書に親しみをもったり，語彙を増やしたりする。

対象

低 学年

中 学年

高 学年

1. ルールを理解する

辞書のあるページを開き，そこに載っている言葉を使って作文を書きます。もちろんですが，言葉の意味もしっかり読んでね。また，そのページに載っている言葉をいくつ使って書くか，自分なりの目標を立ててみましょう。たくさん使いたくなると思いますが，作文なので，お話がわかりやすくなければいけません。だから，あまり多い数を目標にしないようにします。作文は，実際にあったことでもよいですし，自分がつくったお話でもかまいません。

2. 練習を兼ねてやってみる

それでは，少し一緒にやってみましょう。辞書の512ページを開いてください。そこに書いてある言葉を使って作文を書きます。

「失敬」なんてはじめて知った。使ってみたい！

先生がお手本をつくってみました。
「友だちと話をしていると、その友だちがぼくに失敬なことを言ってきたので、ぼくは、『君、それは失言じゃないか』と言うと、その友だちは、しつこく言ってきたので、2人の間の空気がしっくりこなくなってしまいました」
いくつ言葉を使ったか、わかりますか？

4つ！

正解です！

3. 各自で取り組む

では、自分で好きなページを開いて書き始めましょう。

うまくいくコツ
学級の実態によっては、共通ページにしてアドバイスし合えるようにする。

辞書

\ ポイント /

まずは100文字程度など、短い文から挑戦させていく。

（大野　睦仁）

同じ読み方の言葉を使いこなそう！

同音異義語作文

| 時間 | 5分 | 準備物 | ●国語辞典 |

ねらい

複数の同音異義語を含む文章を考える活動を通して，言葉に対する興味・関心を高める。

対象

低学年

中学年

高学年

1. 同音異義語の意味を理解する

 漢字や意味は違うのに，読み方が同じ熟語があります。
そのような言葉を「同音異義語」といいます。

知ってる！
空気の入れ替えの「換気」と，寒い空気の「寒気」とかでしょ？

そうです。「寒気」が来ていて寒い日は，休み時間の「換気」が嫌ですね。

なんかダジャレみたい！

こんな感じで，同音異義語がいくつか入った文をつくって楽しみましょう。

2. ルールを理解する

では，実際にやってみましょう。同音異義語は国語辞典を使うとたくさん見つけることができますよ。

歌詞，菓子，樫…。「かし」は同音異義語がたくさんあるな。「樫の木の下でお菓子を食べながら，好きな歌の歌詞のメモを見た」なんてどうかな？ 「可視」もあるけど，意味がわからない…。

せっかく国語辞典を使っているのだから，意味を調べながら考えてもいいですね。

「可視」は「目に見える」って意味なんだね。見えるようにすることを「可視化」って言うのか。じゃあ，「樫の木の下でお菓子を食べながら，好きな歌の歌詞を可視化したメモを見た」にしようか。

3. 作文に取り組む

「火事にならないように気をつけて家事をする鍛冶屋さん」
「かじ」が３つ入ったよ！

> **うまくいくコツ**
> 内容や文法，語彙の正しさにこだわり過ぎると活動のハードルが上がって楽しめなくなるので，はじめは細かいことは気にせず，自由に文づくりに取り組ませる。

辞書

＼ ポイント ／

言葉の多様さ，おもしろさに触れることを大切にする活動です。国語辞典とじっくり触れ合いながら取り組めるようにします。

（井上　幸信）

【編者紹介】

『授業力＆学級経営力』編集部
（じゅぎょうりょく＆がっきゅうけいえいりょくへんしゅうぶ）

【執筆者一覧】

瀧澤　　真（千葉県袖ケ浦市立蔵波小学校）

広山　隆行（島根県松江市立大庭小学校）

俵原　正仁（兵庫県芦屋市立山手小学校）

比江嶋　哲（宮崎県都城市立西小学校）

藤原　隆博（東京都江戸川区立船堀第二小学校）

駒井　康弘（青森県弘前市立堀越小学校）

南山　拓也（兵庫県西宮市立南甲子園小学校）

宍戸　寛昌（立命館中学校）

小林　康宏（和歌山信愛大学）

福山　憲市（響師・響室の会）

河邊　昌之（千葉県印西市立牧の原小学校）

大野　睦仁（北海道札幌市立平岡中央小学校）

江口　浩平（堺市教育委員会事務局　教育センター）

手島　知美（愛知県みよし市立三吉小学校）

池谷　悠里（静岡市立安倍口小学校）

立川　詩織（静岡市立安倍口小学校）

佐藤　　司（大阪府豊中市立寺内小学校）

近藤　優歌（静岡市立安倍口小学校）

藤井　大助（香川県高松市立下笠居小学校）

井上　幸信（新潟市立新関小学校）

６年間まるっとおまかせ！
短時間でパッとできる国語あそび大事典

2023年３月初版第１刷刊　Ⓒ編　者　『授業力＆学級経営力』編集部

発行者　藤　原　光　政

発行所　明治図書出版株式会社

http://www.meijitosho.co.jp

（企画）矢口郁雄（校正）大内奈々子

〒114-0023　東京都北区滝野川7-46-1

振替00160-5-151318　電話03（5907）6701

ご注文窓口　電話03（5907）6668

＊検印省略

組版所　広　研　印　刷　株　式　会　社

Printed in Japan　　　　　ISBN978-4-18-358230-0

もれなくクーポンがもらえる！読者アンケートはこちらから

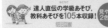
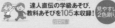